AI, 빅데이터로 부자의 지름길을 가자

서대호 지음

**인공지능 빅데이터
취업, 창업, 사업노하우
100억짜리 인사이트**

AI Big Data Employment, Start-up,
Business Know-how 10 Billion Insight

월도국

목차

1장

나는 이렇게 번다

- 현재 나의 수익 구조

1장.
나는 이렇게 번다

- 현재 나의 수익 구조

나의 수익 구조는 다양하다

나의 전공은 AI, 빅데이터 분석이다. 소위 말하는 4차 산업 혁명의 핵심 분야이다. 퇴사 이후 빠르게 소득을 늘린 이유 중 분야 선택도 큰 이유 중에 하나다. 솔직히 이 부분은 운이 좋았다고 말할 수 있다.

AI, 빅데이터 과학자는 현재 세계적으로 매우 부족하여 공급난에 시달리고 있으며 특히 국내의 경우에는 그 정도가 더 심하다. 따라서 AI, 빅데이터 과학자로 포지션을 잡으면 남들보다 빠르게 수입을 늘릴 수 있다.

전공을 통한 현재 나의 수입구조는 꽤 다양하다.

회사로부터 받는 월급, 회사로부터 받는 인센티브, 내 소유 사업 소득, 프리랜서 수입, 강의 수입, 인세료 등이다. 매달 들어오는 곳도 다르고 경기 흐름, 월별로도 편차가 꽤 있다.

예를 들어 IT 산업 특성상 R&D 또는 투자성 지출이 강하기 때문에 코로나와 같은 경기침체를 유발하는 사건이 터지면 기업들이 지출을 줄여서 수입이 줄어들 수 있다.

월 별로도 편차가 있는데 연초보다는 연말이 더 수입이 많다. 기업들이 연초에 세웠던 한 해 R&D 계획을 연말에 부랴부랴 끝마치기 위해 의뢰를 하기 때문이다.

아무튼 매월 내 수입은 다르지만 이렇게 다이나믹하게 버는 삶을 나는 즐기고 있다. 항상 새로운 일거리, 새로운 사람들을 기대할 수 있고 새로운 일을 하면서 스스로 배우고 성장하기 때문이다.

또한 수입 측면에서도 다양한 루트를 통해 수입이 들어오기 때문에 총합으로 계산하면 꽤 많다.

기본급과 인센티브, 지분 등 다양하게 들어온다

우선 나는 2군데의 회사에 직원으로 소속되어 있다. 2군데의 회사에서 매달 일정금의 기본급여를 받고 있다.

한 회사는 대학교 선배가 하는 회사이고 또 다른 회사는 외주용역을 맡기기 위한 접근한 회사에 내가 먼저 용역 관계가 아닌 지속적으로 같이 일하는 동업 관계를 선제안 한 곳이다.

후자 회사에서는 현재 지분도 소유하고 있는 상태다. 첫 번째 회사에서는 선배가 빅데이터를 이용한 솔루션을 제작하여 기업들을 대상으로 영업을 하려했는데 그 때 필요한 솔루션에 필요한 알고리즘을 내가 제공하였다. 기본급 월 200만원에 기업들이 지불하는 솔루션 월 이용료의 일정 비율을 받기로 하였다.

여기서 이 비율은 솔루션의 성능에 따라 유동적으로 바뀐다. 따라서 내가 솔루션 알고리즘을 고도화해서 성능이 잘 나올수록 인센티브 지급 비율도 늘어난다. 기본급 + 인센티브로 대기업 신입사원 월급보다 많이 벌고 있다.

인센티브는 선배 회사가 솔루션을 공급하는 기업들이 늘어날수록 점점 늘어나는 구조라 앞으로 더 늘어날 것이다.

동업 관계로 함께 일하는 회사에서는 기본급 월 400만원의 지분을 받고 있다. 지분을 받았기에 만약 이 회사가 커져서 M&A 또는 상장을 하게 되면 훨씬 더 큰 이익을 창출할 수 있다.

이 부분의 더 자세한 내용은 뒷장에서 쓰도록 하겠다.

프리랜서 수입도 꽤 큰 부분을 차지한다.

사실 초반에는 프리랜서 수입이 내 수입의 다였고 꽤 괜찮게 벌었었다. 많이 벌 때에는 프리랜서 소득으로만 월 1,000만원 가까이 벌었었다. 다만 최근에는 다른 수입 루트에 집중하다 보니 프리랜서 수입 비중이 줄어들어 월 200~500만원 정도 벌고 있다.

프리랜서는 각종 플랫폼을 통해 소규모 프로젝트를 소개받고 건 단위로 계약을 맺은 후 일을 하는 방식이다. 장점은 빠르게 일처리를 하면 일한 만큼 수입을 올릴 수 있고 세금을 3.3%밖에 내지 않는다는 것이다.

단점은 아무래도 소규모 프로젝트이기 때문에 단가 자체가 높지 않고 프로젝트 처음부터 끝까지 혼자서 소화해야 한다는 것이다. 또한 분쟁이 생겼을 때 개인 프리랜서 입장에서 회사와 대처해야 한다.

예를 들어 의뢰인측이 지나친 수정을 무상으로 요구하거나 잔금 치루기를 미룰 수 있다. 이 때 프리랜서 입장에서 대처하기 위해서는 중계 플랫폼에 의지해야 해서 불편할 수 있다. 프리랜서 프로젝트를 많이 받을 때에는 한 달에 5개 이상을 받기도 하였다. 혼자서 5개를 처음부터 끝까지 다 해야 하기에 꽤 오랜 시간 일한 기억이 있다.

사업 소득으로 월 3,000만원 번다

나의 회사에서 버는 사업 소득은 개인 프리랜서가 아닌 회사 명의로 프로젝트를 수주받는 경우다. 회사 대 회사로 계약을 맺다보니 프로젝트 단가가 높다.

내 소유 사업 소득으로만 월 3,000만원 가까이 번다. 또한 회사 대 회사로 업무를 하는 거라 프리랜서에 비해 상대방이 함부로 대하지 못한다. 계약과정도 철저하다보니 분쟁이 생길 염려도 없다.

단점은 역시 세금인데 개인 사업자로 프로젝트를 받을 때에는 세금이 구간별로 다르지만 어쨌든 프리랜서보다는 더 높다. 사업 소득으로 일하는 것도 사실 개인 프리랜서로 일하는 것과 큰 차이점이 없다.

내 사업체는 직원이 몇몇 없기에 프로젝트를 받아도 내가 거의 처음부터 끝까지 다 해야 하기 때문이다. 그래도 상대 회사에서는 회사 대 회사로 계약한다고 생각하기 때문에 좀 더 신뢰감을 줄 수 있다.

강의료와 인세료는 부수입

강의 수입은 일반인 대상 그룹 과외, 대학교 또는 기업 특강이 있다.

일반인 대상 그룹 과외는 주로 중계 플랫폼을 통해 모집한다. 6~7명 정도 수강인원이 차면 주 1회 6~7회 정도 강의실을 대관하여 수업을 하였다. 주로 빅데이터 코딩 기초수업을 한다. 대학교 또는 기업 특강은 내 이력을 보고 먼저 연락이 와서 하곤 한다.

1회성 수업이 대부분이며 전반적인 기초 이론을 설명하는 수준이다. 페이는 보통 시간당 25~30만원 정도 받고 수업을 한다. 수업자료를 만들어야하는 수고가 있지만 한 번 수업자료를 잘 만들어 놓으면 계속 반복 활용할 수 있기도 하다. 하지만 최근에는 코로나 여파로 강의가 모두 취소되어서 강의 수입은 없는 상태이다.

마지막으로 인세료가 있다. 이전에 AI 빅데이터 관련한 책을 몇 권 냈는데 주기적으로 인세료가 들어온다. 전체 수입에 비해 인세료는 작은 수준이다. 하지만 책을 보고 나에게 프로젝트를 의뢰하는 기업들도 있고 전문가로 PR할 수도 있어 인세료 이외에 부수적인 효과를 톡톡히 보고 있다.

3년만에 고소득자가 되었다.

이렇게 다방면으로 꽤 고소득을 올리기 시작한지는 몇 년 안 되었다. 불과 3년 전만 해도 중소기업에서 연구원으로 근무하며 월급이 내 수입의 전부였다.

직장 월급은 세후 대략 258만원이 내 통장에 찍혔다. 이 월급으로 교통비, 점심식사비, 개인 용돈, 보험비, 통신비, 학자금 대출 이자, 병원비를 내면 사실상 남는 돈은 월 100만원이 채 안되었다.

젊은데 왜 병원비가 드느냐고 물을 수 있는데 회사 다니면서 나는 정말 많이 아팠었다. 허리, 목이 아파서 물리치료, 도수치료를 주기적으로 받으러 다녔고 피곤함과 스트레스로 인한 잇몸 통증으로 치과도 주기적으로 다녔다. 조금이라도 수입을 늘리기 위해서 퇴근 이후에 중학생 과외를 하기도 했으며 반대로 지출을 줄이기 위해서 점심식사를 회사 다과실 빵으로 먹던가 기름값을 아끼기 위해 대중교통을 이용해 보기도 하였다.

아무리 발버둥을 쳐도 내 통장 잔고에 남아있는 돈은 크게 다르지 않았다. 나날이 안 좋아지는 건강과 피부만 남아있을 뿐이었다. 이럴려고 대학원 석사까지 공부했나, 라는 자괴감이 들었다.

그래서 어차피 회사 다니나 안다니나 돈 없는 거는 마찬가지라고 생각하니 공부나 더 하자하고 무작정 회사를 그만 두었다. 아들이 회사를 그만둔다고 하니 부모님이 무척 말렸지만 내 고집을 꺾을 수는 없었다.

회사를 그만두고 박사 과정에 입학하였는데 정말 돈이 너무 없었다. 연구실에서 나오는 약간의 보조금이 있었지만 100만원이 조금 넘을 뿐이었고 이마저도 한 학기 학비를 내고 나면 사실상 남는게 거의 없었다.

그리고 연구실 생활을 하다 보니 공부는커녕 연구실 업무 하느라 회사 다닐 때와 마찬가지로 일을 많이 하게 되었다. 연구실 분위기도 공부하는 분위기리기보다는 수다 떨고 노는 분위기였다.

이 당시 나는 번뇌에 빠졌다.

박사 과정은 그래도 최소 4년은 해야 할 텐데 4년 동안 이 정도 수입만으로 살 수 있을까, 라는 고민과 타이틀은 박사였지만 마음껏 공부할 수 있는 여건이 갖추어지지 않아 적지 않게 실망도 했었다. 그래서 연구실을 안 나가기로 했다. 다행히 교수님도 내가 연구실 생활에 잘 적응하지 못 하는거 같아 보여 승낙해주었다.

연구실 나갔을 때는 월 100만원 조금 넘게 받았지만 이제 연구실도 안 나가니 월수입이 0원이 되었다. 그래도 진정한 자유를 얻었다고 생각해서 내심 기쁘기까지 했다.

연구실 생활을 그만둔 후에는 그야말로 시간이 넘쳤다. 하루 종일 내가 하고 싶은 것을 다 하고 살 수 있었다. 그래서 그동안 시간이 없어서 못했던 공부를 열심히 하기로 하였다. 하루종일 내 전공에 대해서 공부를 하였다. 소일거리로 프리랜서 활동을 시작하였다. 그래도 생활비 정도는 벌어야겠다고 생각을 했기 때문이다.

프리랜서 플랫폼 여기저기에 이력을 올렸더니 몇 군데에서 프로젝트 관련 연락이 왔다. 그 당시에는 아직 내 실력이 부족 해서 사실 조금 버거운 프로젝트들이었다. 그래도 열심히 해보자 하고 공부하면서 프로젝트들을 수행해나갔다.

발등에 불이 떨어지니 초인적인 집중력을 발휘해서 공부해나가며 프로젝트를 수행했다. 그 결과 고객들이 나름 만족을 해주어서 여기저기 다른 고객들을 소개해주었다.

처음에는 용돈벌이로 시작한 일이 점점 액수가 커졌고 여기저기서 출간 제의, 강의 제의, 동업 제의, 스카웃 제의가 들어왔다. 그래서 출간도 하고 강의도 하고 동업도 하고 개인적으로 사업체도 만들고 여기저기 회사에 비상근으로 근무도 하게 되었다.

이렇게 일을 하다 보니 가장 큰 장점은 내가 취사 선택해서 일을 선택할 수 있다는 장점이다. 하기 싫은 업무는 안하면 되고 하고 싶고 내가 잘할 수 있는 일을 선택해서 할 수 있게 되었다. 또한 실력이 있어야 일을 계속 할 수 있기에 열심히 공부도 계속 하게 되었다. 돈 벌기 위해서 발등에 불 떨어진 상태에서 공부를 하다보니 정말 열심히 하였다.

초기에는 매일 7시간 가까이 책, 논문을 읽고 무크(MOOC) 또는 코세라(coursera)를 통해서 온라인 강의를 들었다.

수입도 점진적으로 올라갔다. 이런 생활을 1년 이상 하다보니 친구 또래에 비해 훨씬 더 벌게 되었으며 점차 실력이 괘도에 오른 이후에는 일 처리도 빨라져 일하는 시간도 줄어들었다.

코세라 https://www.coursera.org/

〈코세라 AI 빅데이터 관련 강의들〉

1. AI For Everyone Course by deeplearning.ai
2. Deep Learning Specialization by deeplearning.ai

17

3. Introduction to DataScience in Python Course by University of Michigan

4. Applied Data Science with Python Specialization by University of Michigan

5. Applied machine Learning in Python Course by University of Michigan

6. Applied Text Mining in Python Course by University of Michigan

7. Machine Learning: Regression Course by University of Washington

8. Machine Learning Specialization Course by University of Washington

9. Machine Learning: Clustering & Retrieval Course by University of Washington

10. Neural Networks and Deep Learning Course by deeplearning.ai

11. Improving Deep Neural Networks: Hyperparameter tuning, Regularization and Optimization Course by deeplearning.ai

12. Convolutional Neural Networks Course by deeplearning.ai

13. Structuring Machine Learning Projects Course by deeplearning.ai

14. Sequence Models Course by deeplearning.ai

15. How Google does Machine Learning Course by Google Cloud

앞으로 이 책에서는 AI, 빅데이터 관련한 실제 산업 현장과 내가 어떠한 방식으로 수입을 창출했는지 노하우를 자세히 쓰겠다. 비단 AI, 빅데이터 이외에 기타 IT 분야 종사자들도 참조하여 적용할 수 있을 것이다.

2장

AI, 빅데이터 분야의 취업 노하우

2장.
AI, 빅데이터 분야의 취업 노하우

빅데이터 분야의 세부 직종과 업무

이 챕터에서는 초보자의 입장에서 어떻게 AI, 빅데이터 분야에서 취업을 할 수 있는지 살펴보겠다.

우선 AI 빅데이터 관련 직업은 명칭이 다양하다.

데이터 과학자, 데이터 사이언티스트, 데이터 과학자, 빅데이터 과학자, 인공지능 개발자 등 다수의 용어로 쓰인다.

'데이터과학자'는 데이터에서 특정 비즈니스 요구 성과나 목표를 달성하는 데 도움이 되기 위한 인사이트를 발견하는 직업이다. '데이터 사이언티스트'는 데이터 과학자를 단지 한글을 영어로 바꾼 동의어이다.

'빅데이터 과학자'는 데이터 마이닝 기법을 이용한 분석에 치중에 둔 의미로 '데이터 과학자'보다는 조금 좁은 의미이다. '빅데이터 과학자'는 최근 데이터가 빅데이터로 바뀌는 것에 중점을 둔 의미이고 '인공지능 개발자'는 빅데이터 분석 안에 딥러닝을 필두로 한 인공지능 분야에 중점을 둔 의미이다. 하는 일이 조금씩 다르기는 하지만 이 책에서는 데이터 과학자로 통일하겠다.

데이터 과학자가 하는 일은 굉장히 포괄적이고 융합적이다. 그래서 21세기의 가장 섹시한 직업으로도 손꼽힌다(Havard Business Review). 데이터 과학자는 통계적 지식, 컴퓨터 공학적 지식, 경영학적 지식을 모두 포괄하고 있어야 한다. 그만큼 업무 범위가 포괄적이고 다방면이다. 구체적으로 업무 예시를 들어보면 이해가 더 쉬울 것이다.

우선 AI 빅데이터 분석이 필요한 경우는 비즈니스상 무언가 문제점이 발견되었을 때이다.

예를 들어 고객 리뷰 빅데이터 분석을 살펴보면 판매자 입장에서 각 상품별로 다수의 리뷰가 쌓여 이를 다 읽어보고 반영하기가 어려울 수 있다.

소수의 상품이 있고 상품별로 리뷰가 10여개 정도라면 일일이 읽어볼 수 있겠지만 만약 상품이 천여 개가 넘고 각 상품별로 리뷰가 몇천 개씩 달린다고 생각해 보자. 사람이 일일이 모든 상품의 리뷰를 읽고 이를 반영하기란 불가능에 가깝다.

실제로 유데미(udemy), 코세라(coursera)와 같은 온라인 강좌 플랫폼에는 수천 개의 강좌가 있고 강좌마다 굉장히 많은 리뷰가 쌓이고 있다. 이렇게 무언가 AI 빅데이터 분석이 필요한 문제가 생기면 데이터 과학자는 해당 문제에 대해서 빠르게 파악을 하여야 한다.

이 때 주의해야 할 점은 문제가 생기는 비즈니스 업종이 제각각 다르다는 점이다.

예시로 든 곳은 온라인 강좌 플랫폼이지만 제조업, 유통업, 금융업 등 기타 수많은 기업에서 AI 빅데이터 분석에 대한 니즈(needs)가 생길 수 있다. **따라서 데이터 과학자는 다방면의 비즈니스에 대한 폭넓은 이해가 있어야 한다. 언제 어느 기업에서 당신을 필요로 할지 모르기 때문이다.**

비즈니스 문제를 포착하고 해당 기업에 대한 이해를 한 후에는 데이터를 통해 문제를 해결해야 한다. 예를 들어 이동통신 데이터에 대한 데이터 분석을 해야하는데 이동통신업에 대한 이해가 전무하다면 곤란할 수 있다. 주요 산업들에 대해서 기본적인 지식 정도는 사전에 알고 있어야 한다.

그 후 가장 먼저 해야 할 일은 데이터 정제이다. 단순히 추출한 원데이터는 데이터 모델링을 하기에 적합하지 않다. 각종 결측치[1]를 제거하고 여러 테이블을 병합, 변형하고 추출한 후 예쁜 모양의 데이터를 생성해야 한다.

이 과정이 가장 많이 시간을 차지하는 부분이고 프로그래밍 언어를 활용해서 작업해야 하기 때문에 컴퓨터 공학적 지식이 필요하다.

데이터를 예쁘게 정제한 후에는 머신러닝 또는 딥러닝을 활용해서 모델을 만들어야 한다.

모델은 수학적, 통계학적 알고리즘을 활용하는 경우가 대부분이다. 다양한 알고리즘들 중 상황별 적재적소에 필요한 모델을 선택해서 적용하는 것 역시 데이터 과학자의 역할이다.

이후 모델을 적용해서 결과가 나오면 각종 시각화 자료를 생성 후 보고서 형태로 산출물을 만들어야 하는데 이때는 글 쓰는 능력, 커뮤

---

1) 존재하지 않는(null) 값의 일종으로 값은 존재하는 것이지만, 그 시점에서 아직 정해져 있지 않은 값.

니케이션 능력도 필요하다.

이렇게 데이터 과학자는 업무를 하면서 경영학적, 컴퓨터 공학적, 수학 통계학적, 글쓰기 및 커뮤니케이션 능력을 발휘해야 한다.

이외에도 AI 빅데이터 결과 모델을 실제 웹 개발 또는 임베디드 장치2)에 붙이는 경우도 있는데 이는 일반 개발자의 역량이며 데이터 과학자의 역량 밖의 일이다. 물론 이 부분까지 할 수 있으면 천정부지 몸값이 오를 것이다.

독학은 원서와 온라인 강의로

보편적으로 국내에서 학부 전공에 맞추어 대학교 졸업 후 관련 부서에 취직하는게 보통이다. 물론 막상 입사하고 보면 대학교 때 배운 것과는 다른 일을 하는 경우도 있지만 아무튼 입사원서를 넣을 당시에는 대학교 전공에 맞추어 쓴다.

AI 빅데이터 분석에 포커스를 맞춘 국내 대학교 학과 과정은 거의 없다. 최근에 대학교, 대학원 과정에서 몇 개 생기긴 했지만 대부분의 대학교 학부과정에 AI 빅데이터 학과는 없다.

이 책을 쓰는 2020년 현재 서울권 유명 대학 중 학부과정 AI 빅데이터 학과가 설립된 학교는 한양대학교, 서울시립대학교, 국민대학교, 세종대학교 정도이다. 이미지도 생긴지 얼마 되지않아 제대로 체계가 잡히지 않았다.

학과를 개설한 대학 수가 적기 때문에 AI 빅데이터 관련한 다른 유사학과를 가서 공부를 하는 수 밖에 없다.

---

2) 특정한 제품이나 솔루션에서 주어진 작업을 수행할 수 있도록 추가로 탑재되는 솔루션이나 시스템

예를 들어 컴퓨터공학, 산업공학, 통계학과 모두 커리큘럼 내에 AI 빅데이터 관련한 수업이 개설되어 있다. 문제는 그 수업 수가 굉장히 적다는 것이다.

서울대학교 컴퓨터 공학부를 예로 들면 4년 동안 전체 커리큘럼 중 AI 빅데이터 관련한 수업은 '데이터마이닝 개론', '데이터베이스', '인공지능', '기계학습 개론', '소셜 네트워크 분석', '딥러닝의 기초' 까지 6개 정도이다.

그마저도 6개 수업 모두가 필수가 아닌 선택과목이다.

극단적으로 서울대학교 컴퓨터 공학부를 졸업한 학생이 해당 6개 수업을 피해서 수강한다면 졸업 이후 AI 빅데이터 관련한 수업을 하나도 안 듣는 경우가 발생하는 것이다.

혼자서 독학으로 공부하는 방법도 좋다. 공부 수단은 책, 논문, 외국 대학교 온라인 강의를 활용하면 된다.

팁을 주자면 책은 아마존닷컴에서 원서를 구입하거나 원서를 번역한 책을 보는 것이 좋다.

국내 저자의 관련 도서가 매우 빈약하기에 원서에 의존할 수 밖에 없다. 예를 들어 '추천시스템'이라는 키워드로 아마존닷컴과 국내 서점에서 검색을 해보았을 때 아마존닷컴은 589권, 국내 서점은 4권 정도 결과가 나온다.

온라인 강의는 코세라, 무크, 유데미를 활용하면 무료 또는 매우 저렴한 비용으로 세계 최고 대학의 강의를 들을 수 있다. 영어 자막 기능이 있어서 수업 내용도 거의 이해할 수 있을 것이다.

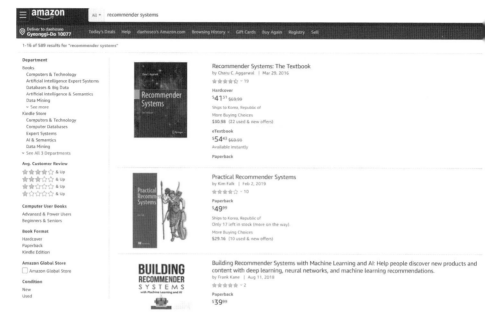

아마존 닷컴 검색 결과

실력 입증은 자격증이다

공부를 혼자서 한다고 하더라도 입사 원서를 쓸 때에는 자신의 실력을 입증할만한 무언가가 있어야 한다. 그저 혼자서 책으로 열심히 공부했다고 주장해도 인사담당자는 알아주지 않는다.

관련 학과를 졸업했다년 이것도 인사 담당자에게 PR하기 좋은 방법이다. 만약 관련 대학원까지 나왔다면 더욱 더 효과적일 것이다.

하지만 만약 이러한 조건이 안 된다면 다른 방식으로라도 준비를 해야 한다. 카카오와 같은 몇몇 기업은 입사시에 파이썬 코딩 시험을 보기도 하지만 이는 특수한 케이스이고 대부분의 회사는 이력서+면접으로 채용을 결정하기에 자신만의 PR할 무언가가 있어야 한다. 바로 자격증으로 객관적인 실력을 입증할 수 있다.

국내도 빅데이터 관련한 자격증이 몇 개 있다. 보통 공대를 졸업한 분들은 기사 자격증을 가장 먼저 떠올릴 수 있는데 제1회 빅데이터분석기사 필기 시험이 2020년 12월에 있다.

빅데이터분석기사 시험 이외의 자격증을 생각해보면 데이터분석 자격검정(ADP/ADsP), SQL 자격검정(SQLP/SQLD), 경영 빅데이터 분석사, 사회조사분석사가 있다.

여기서 말한 자격증들은 각각 전문가/준전문가, 1급/2급으로 등급이 나뉘는데 굳이 전문가, 1급 자격증을 목숨 걸고 획득할 필요는 없다. 준전문가, 2급 정도 수준만 공부해도 전반적인 내용은 다 알 수 있고 전문가, 1급 자격증을 획득했다고 엄청난 전문가가 되는 것은 아니기 때문이다.

전문가, 1급 자격증을 따기 위해서는 지나치게 지엽적으로 외워야할 게 많기 때문에 시간 소모가 많이 될 수 있고 전문가, 1급 자격증을 딴다고 기업에서 크게 알아주지도 않는다.

전체 공부 기간 2개월~3개월로 잡고 빠르게 데이터분석 자격검정(ADP/ADsP), SQL 자격검정(SQLP/SQLD), 경영 빅데이터 분석사, 사회조사분석사 준전문가, 2급 자격증만 따면 된다.

프로젝트 경력 쌓기는 Kaggle에서

사실 경력직이 아닌 이상 스스로 프로젝트를 수행하기는 쉽지 않다. 하지만 데이터 과학자들에게는 프로젝트를 수행해볼 수 있는 강력한 공간이 있다. Kaggle이라는 플랫폼이 있는데 세계 수많은 데이터 과학자들이 공통 데이터를 가지고 예측모델 및 분석 경쟁을 벌인다.

기업 및 단체에서 데이터와 해결과제를 등록하면, 데이터 과학자들이 이를 해결하는 모델을 개발하고 경쟁해서 상금도 거머쥘 수 있다. 예제 데이터가 아닌 실제 비즈니스 현장에서 나온 데이터이기에 실전 감각도 기를 수 있을뿐더러 대회에 참가하면 랭킹도 알 수 있기에 이를 PR 용도로 활용할 수 있다.

또한 다른 경쟁자들이 올려놓은 분석 코드도 참조할 수 있어 공부도 할 수 있다. 만약 Kaggle 대회에서 입상을 했다면 자격증보다도 훨씬 강력한 스펙이 될 수 있다.

단순히 경력용이 아니라 실력 쌓기에도 Kaggle은 최고이다. Kaggle 경연대회는 수시로 계속 열리는데 각 대회마다 새로운 데이터 셋(Data set)3)과 새로운 문제가 주어진다.

주어지는 데이터 셋은 가상의 데이터 셋이 아니라 실제 비즈니스 환경에서 도출되는 데이터 셋이다. 그리고 데이터 셋에 대한 자세한 설명과 문제 설명까지 주어진다. 그 다음에 문제를 푸는 것은 독자들 몫이다.

처음에 조금 막막한 분들은 Notebooks 게시판에서 다른 사람들이 한 것을 보고 힌트를 얻을 수 있다. 또한 Discussion 게시판에서 질의응답을 통해 답답함을 해결할 수 있다.

즉 혼자서 맨땅에 헤딩하는 것이 아니라 집단 토론과 지성을 통해 본인의 견문을 더욱 넓힐 수 있는 것이다.

또한 우수한 솔루션을 내놓으면 상금까지 받을 수 있으니 더욱 좋

---

3) 자료 집합이다. 일반적으로 하나의 데이터베이스 테이블의 내용이나 하나의 통계적 자료 행렬을 의미한다.

다. 마지막으로 여태까지 열리고 끝났었던 경연대회들이 플랫폼에 계속 적재되어 있다. 따라서 엄청나게 많은 실전 데이터 셋과 솔루션들이 그대로 저장되어있고 독자들은 이들 중 원하는 것을 자유자재로 골라서 연습해볼 수 있다.

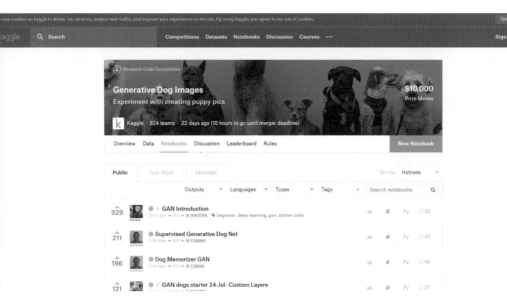

케글 Notebooks 게시판

논문이 있다면 강력한 스펙이 된다

대학원 석박사 과정이면 당연히 써야하지만 학부생도 논문 등재에 도전해볼 수 있다. 해외 SCI급 논문은 시간이 너무 많이 소비되기에 국내 KCI 논문 등재를 목표로 해보기를 바란다. 학부생 수준에서 논문 등재 이력을 지닌 수험생들은 거의 없기에 만약 논문 실적이 몇 편 있다면 강력한 스펙이 될 것이다.

이외에 각종 온라인, 오프라인 국내 데이터 관련 학원을 수강하는 방법도 있긴한데 비추천한다. 학원비가 굉장히 비쌀뿐더러 일주일에 1~2번씩 몇 번 왔다갔다 한다고 실력이 늘지는 않는다. 차라리 코세라, 무크, 유데미와 같은 강의로 해외 유명 대학의 수업을 저렴하게 듣는게 좋다.

아직까지 국내에서 데이터 과학자에 대한 수요가 공급을 훨씬 앞지르고 있기에 이 정도만 준비하면 원하는 기업에 취업하는데에는 문제가 없을 것이다. 혹시나 공부하다 어려움에 막히게 되면 직접 나에게 연락하면 친절히 상담해주겠다.

나의 취업 사례

의지가 약해서 위에서 말한 것들을 혼자서 실천하기 어렵다면 아무데라도 우선 취업하는 것을 목표로 하길 바란다.

AI 빅데이터 관련한 아무 회사라도 취업해서 거기서 실제 프로젝트를 하면서 배우면 이후에 원하는 기업에 이직할 때에 경력으로 인정받을 수 있다.

최근에는 AI 빅데이터 관련한 스타트업들이 많이 생겨나고 있기에 조금만 노력하면 취업하기는 어렵지 않을 것이다. 특히 기업에 들어가면 코딩을 원하지 않아도 반강제로 해야하기에 혼자서 하는 것보다는 코딩 실력을 늘리는 것에는 효과적이다.

실제 나도 이러한 방식을 사용했었다. 나는 우선 행동하고 보자는 성격이라 충분한 실력을 갖추기 전에 일단 여러 군데의 회사에 모두 지원하였다.

그 당시 내가 가지고 있었던 스펙이라고는 국내 4년제 대학의 관련 학과 학부, 석사를 졸업한 것이 전부였다. 자격증, 프로젝트 경력, 논문 실적은 거의 전무하였다. 또한 AI 빅데이터 관련 실력도 그다지 좋지 못했었다.

그냥 열정 하나로 무수히 많은 기업에 지원했었는데 대기업은 거의 다 떨어졌었던 기억이 있다. 특히 그 당시에는 AI 빅데이터 관련한 관심이 지금처럼 크지 않아서 대기업들이 AI 빅데이터 관련 인재에 대해서 큰 호기심을 보이지 않았고 나 자신도 전문가라고 말하기 부끄러운 수준이었기에 더더욱 취업이 잘 되지 않았다.

그래도 워낙 많은 기업들에 지원을 했었기에 대기업은 아니지만 다행히 취업을 할 수 있었다.

실제 기업에 들어가니 주어진 실전 프로젝트를 업무상 해야했기에 하다보니 실력도 늘었고 잘 모르는게 있으면 오기가 생겨 공부하면서 알아갔다. 따라서 공부를 시작하기 막막하고 자기 의지가 약해서 자신이 없는 분들은 일단 관련 기업에 무작정 취업하는 것도 좋은 방법이 될 수 있다.

3장

빅데이터로 슬기로운 직장생활

3장.
빅데이터로 슬기로운 직장생활

회사에서의 AI 빅데이터 업무 영역

우선 AI와 빅데이터에 대해서 간단히 정의를 하고 넘어가겠다.

AI는 자체적인 학습 모델을 통해 인간과 비슷한 합리적인 판단을 자동으로 할 수 있다. 이때 학습 모델을 생성하기 위해서는 빅데이터가 필수적이다. 즉 빅데이터 학습을 통해 모델이 탄생하고 이 모델이 AI 역할을 한다고 생각하면 된다. 따라서 더욱 더 많은 데이터를 학습할수록 AI 모델이 더 정교해진다.

쉽게 생각하면 사람도 공부를 더 많이 할수록 똑똑해지는 것처럼 기계도 데이터를 더 많이 학습할수록 정교해진다. 그래서 AI와 빅데이터는 불가분의 관계라고 생각하면 된다.

회사에서 AI 빅데이터 업무는 대체로 두 가지로 나뉜다.

첫째는 AI 빅데이터를 활용한 솔루션을 제작하는 업무이고 둘째는 AI 빅데이터 외주 용역이다. 나는 3군데의 회사를 다니며 이 두 가지를 모두 했었고 현재 사업을 하면서도 역시 이 두 가지 영역을 모두 하고 있다.

우선 AI 빅데이터를 활용한 솔루션은 프로그램, 툴, 앱 등이 있을 수 있다. 유명 사례로는 IBM 왓슨 헬스가 있다. 병원에서 사용하는 솔루션으로 AI가 자동으로 진단 및 치료법을 제시해준다. 국내 상급 여러 병원에서도 사용하고 있다.

IBM 왓슨 헬스 이외에도 마케팅, 유통, 제조업, 금융 등 각종 분야에 AI 빅데이터가 필요한 분야가 있고 이를 해결해주는 솔루션을 여러 기업에서 제작하고 있다.

나도 현재 이러한 솔루션을 제작해서 업체에 납품하고 있다. 내가 만드는 솔루션은 온라인 쇼핑몰 매출을 올려주기 위한 마케팅, 상품 추천, 리뷰페이지 최적화를 자동으로 해준다.

이러한 솔루션은 대부분 B2B 형태로 판매가 되고 월단위로 이용료를 고객 업체에게 받는다.

대부분의 국내 AI 빅데이터 관련 회사들은 자사 솔루션을 보유하고 있다. 솔루션이 있어야 안정적인 매출 확보가 가능하고 기업 가치가 상승하기 때문이다. 따라서 취업 전에, 관심있는 회사가 개발하는 솔루션이 무엇이고 어떤 사업에 적용하는 분야인지 면밀히 살펴보는게 좋다.

솔루션 개발을 위해서는 프론트 개발이 필요한데 이것은 데이터 과학자가 하지 않는 부분이다. 프론트 개발이란 간단히 말해서 웹 또는 앱을 통해서 눈에 보이는 화면을 구현하는 것이다.

데이터 과학자는 프론트 화면에 보여지는 수치, 이미지, 영상 등을 명확하고 정교하게 생성해내야 한다. 쉽게 말해서 IBM 왓슨 헬스의 가장 핵심 기능은 정밀한 진단기능이다. 환자의 방사선 사진을 업로드하면 암 진단을 왓슨이 해주는 것이다. 암 진단 결과를 차트로 보여주든, 텍스트로 보여주든, 영상으로 제작하여 보여주든, 애니메이션으로 보여주든, 그것은 데이터 과학자가 할 일이 아니다. AI를 활용해서 정밀한 진단을 해주면 되는 것이다.

그래서 여러 다른 개발자들과 같은 부서에 있기는 하지만 사실상 일은 독자적으로 하는 경우가 많다.

국내에서 회사 내에 데이터 과학자가 많은 경우는 거의 없기에 거의 혼자 하는 경우가 많다. 따라서 솔루션 제작에 들어가는 핵심 알고리즘을 주도적으로 할 수 있다는 자부심을 느낄 수도 있다.

두 번째로 외주 용역이 있다.

특히 최근에는 4차 산업혁명과 관련된 정부 과제가 굉장히 많이 있다. 이러한 정부 R&D 과제들의 단가가 꽤 크기 때문에 기업들이 정부 과제들을 따내기 위해 혈안이 되어 있다.

정부 과제 용역은 대부분 R&D성 과제이기 때문에 개발과는 거리가 멀다. 개발이 들어가더라도 프로토타입[4] 제작 정도에 그치는 경우가 많다.

주로 보고서작성, 특허 등록, 논문 작성, PPT 작성과 같은 문서 작업이 많다. 물론 이러한 문서를 만들기 전에 AI 빅데이터 분석도 당연히 들어간다. 그리고 R&D 성격이 짙기 때문에 고도화된 알고리즘을 연구하는 경우가 많다.

정부 과제 용역의 장점은 AI 빅데이터 관련 심화된 내용을 연구할

---

4) 본격적인 상품화에 앞서 성능을 검증·개선하기 위해 핵심 기능만 넣어 제작한 기본 모델

수 있는 기회가 될 수 있다는 점이 있지만 단점으로는 문서 작업이 너무 많아서 이에 시간 소모가 크다는 점이다.

외주 용역은 정부 과제 말고도 기업과제가 있을 수 있다.

다른 기업이, 당신이 다니는 회사에 AI 빅데이터 관련한 외주 용역을 맡긴다고 생각하면 된다. 기업 입장에서는 아무래도 자금을 투자하면 그에 상응하는 결과를 얻어내려하기 때문에 정부 과제에 비해서는 결과 심사가 좀 더 까다롭다.

그리고 용역이 끝난 이후에도 수정, 보완 사항이 계속 생길 수도 있다. 이전에 회사 다닐 때 우리 팀이 SK텔레콤 외주 용역을 했었는데 수정 요청사항이 많아서 팀원들이 골치 아파했었던 기억이 있다.

나는 어떤 업무를 했고 어떤 역할을 했나?

나는 총 3군데의 회사를 다녔다.

첫 번째 회사는 국책연구기관이었는데 정부 과제를 담당했었다. 정부 과제가 건설 플랜트 현장의 효율을 높이는 R&D여서 이에 필요한 알고리즘을 연구하고 개발하였다.

나는 그 당시 프로세스 마이닝(process mining)[5]이라는 분야를 연구하였다. 연구 분야는 꽤 매력적이고 재밌었다. 하지만 사회에서 수요가 많은 분야도 아니었고 회사 내에서 잡무가 너무 많아서 온전히 생산적인 일에 집중하기가 어려웠다. 또한 공부하려고 하면 상사가 일은 안한다고 타박을 주어서 회사를 옮겼다.

---

5) 기록되어 있는 이벤트 로그를 분석하여 의미 있는 정보를 찾아내는 것을 목적으로 하는 기술.

두 번째 회사는 중소기업이었는데 주로 SK텔레콤 과제를 맡아서 하는 회사였다.

자유로운 분위기였고 잡무도 이전 회사보다 적었다. 또한 SK텔레콤 과제 이외에 다른 과제들도 할 수 있어서 이 회사에서 실력이 꽤 늘었다. 이 회사에서는 이상 탐지를 주로 연구했었다. 주도적으로 데이터 전처리, 데이터 모델링 및 분석, 보고 작업까지 주도적으로 했었다.

마지막 회사는 집 근처의 정부출연연구소였다. 집에서도 가깝고 회사 네임밸류도 좋아서 잠깐 다녔었다. 하는 일은 정부 과제 수행이었다. 그런데 정부 과제의 실질적인 수행은 다른 협력 중소기업들이 하고 정부출연연구소 직원들은 관리 업무만 주로 하였다. 편하긴 했지만 실질적으로 배우는게 별로 없어서 그만 두었다.

느낀 점은 네임밸류가 좋은 공기업, 대기업들은 실질적인 AI 빅데이터 분석을 수행하기보다는 관리만 하기 때문에 실질적인 실력을 향상시키는데에는 큰 도움이 안되었다. 오히려 각종 행정, 문서작업에 시간을 소모할 뿐이었다.

실력은 오히려 중소기업, 스타트업에서 실제 용역을 수행하면서 실력을 향상시킬 수 있었다.

직장에서 경력 쌓는 방법

직장에서 경력을 쌓기 가장 좋은 방법은 역시 다수의 프로젝트를 하는 것이다. 프로젝트를 할수록 실력도 향상되고 이력에도 넣을 수 있어 이직을 하거나 창업했을 시에 유리하다.

그렇다면 무턱대고 아무런 프로젝트나 다 받으면 될까?

AI 빅데이터는 포괄적이고 범용적으로 쓰이기 때문에 세부적으로 분야를 파고들면 굉장히 다양하다.

예를 들어 내가 주력으로 하는 분야는 텍스트 마이닝(text mining), 추천시스템이다.

텍스트 마이닝은 SNS, 웹 플랫폼 등에서 매일 생성되는 방대한 텍스트들로부터 유의미한 인사이트를 도출해내는 방법론이다.

추천시스템은 예를 들면 유튜브에 접속했을 때 자신이 좋아할 만한 동영상을 보여주는 기술이다. 유튜브 알고리즘이 개인 성향에 맞는 동영상을 메인화면에 노출시키기 때문이다.

나는 이외에도 이미지 분석, 이상 탐지, 프로세스 마이닝도 하곤 한다. 물론 주력으로 하는 분야에 비해서는 깊이가 떨어진다. 지금 거론한 세부 분야만 해도 꽤 되는데 이외의 세부 분야를 더 찾게 되면 무수히 많을 수 밖에 없다. 따라서 잣대 없이 이것저것 AI 빅데이터 분석 외주 용역이라고 다 하게 되면 깊이 없이 얕게 조금씩 하는 정도만 될 것이다.

이후에 이력에는 굉장히 많은 프로젝트가 거론되겠지만 실질적으로 각 프로젝트들을 얕게 보조해주는 연구원으로 수행한 것들이고 따라서 전문성도 갖추지 못할 것이다.

이러한 사태를 미연에 방지하기 위해서는 자신만의 분야를 정하고 그 분야 프로젝트 위주로 일을 해야 한다. 하지만 직장인이 된 순간 회사에서 내려오는 업무를 수행해야하는 입장이라서 자신이 원하는 프로젝트만 100% 받을 수는 없다. 따라서 취업 전에 취업하려는 회사가 어떤 프로젝트를 그동안 수행했었는지 미리 살펴보아야 한다. 홈페이지를 통해 확인하던가 인사담당자에서 전화해서 물어보던가 면접 볼 때 실무진에게 직접 물어볼 수도 있다.

내가 이전에 다녔던 회사 중 한 곳은 SK텔레콤 외주 용역을 주로 맡다보니 이동통신 트래픽 로그 분석을 많이 하였다. 이동통신 사용자들 행동 패턴 또는 이상 징후 포착을 주로 하였다. 솔루션 개발도 역시 SK텔레콤에 납품하기 위한 로그분석 솔루션이었다.

그리고 현재 내가 운영하는 회사는 온라인 쇼핑몰 마케팅을 최적화하기 위한 데이터 분석 및 솔루션 제작을 하고 있다. 마찬가지로 다른 AI 빅데이터 관련 회사들도 주요 고객과 주요 업종이 있을 것이고 그 업종에 맞는 프로젝트가 많이 발생할 것이다.

따라서 사전에 취업을 원하는 회사가 주로 수행하는 프로젝트의 성격을 알 수 있다면 자신이 연구하고 싶은 혹은 자신의 주력 분야와 맞는지 비교할 수 있을 것이다. 만약 아직까지 특정 주력 분야를 정하지 않았다면 공부를 조금 더 해보거나 일단 취업을 한 후 안 맞으면 회사를 옮기는 방법도 있다.

취업한 이후에는 회사에서 주는 프로젝트를 그대로 받아서 하는 경우가 많은데 꼭 그렇게 하라는 법은 없다.

만약 회사에서 수행하는 여러 프로젝트 중 자신이 하고 싶은 프로젝트가 있다면 상사에서 적극적으로 어필해서 해당 프로젝트를 하고 싶다고 발언을 해보라. 오히려 당신의 적극성에 감동해서 승인해줄 수도 있다. 또한 이렇게 적극적으로 하게 되면 실질적인 프로젝트 업무를 독자적으로 할 수 있어 실력을 한 층 높일 수 있다.

업무를 배우는데 직장 생활의 장단점

회사 생활의 큰 장점은 역시 일거리가 끊이지 않는다는 점이다. 계속해서 새로운 프로젝트를 접할 수 있기에 새로운 배움의 기회가 있다. 새로운 프로젝트를 접하면 새로운 데이터도 만져볼 수 있고 그에 필요한 알고리즘, 모델들을 공부해볼 수 있다. 또한 팀 동료들과 함께 의논하면서 협업을 하면 시너지 효과를 낼 수도 있다.

하지만 그에 반해 단점도 존재한다. 우선 회사 안에서는 자유롭게 공부할 수 있는 여건을 갖추기가 힘들다. AI 빅데이터라는 학문은 정형화된 교육프로그램이 없기 때문에 끊임없이 계속 찾아서 배워야 한다.

나는 학교 수업, 무크 또는 코세라를 통한 해외 대학 수업, 아마존닷컴에서 구입한 책, 논문을 통해서 공부하는 편이다.

업무 시간에 공부하는 것은 국내 회사에서는 불가능할 것이다. 나는 3군데의 회사를 다니면 모두 시도해보았지만 모두 상사들에게 막혔다. 한 회사는 상사가 자유로운 편이라 허용해주었지만 결국 사장이 나를 저지했다. 그 당시 사장이 나한테 했었던 말이 아직도 기억에 남는다. "회사가 학교입니까?"

아무튼 내가 공부하고 있는 모습이 반갑지는 않았던 것이다. 나는 공부를 해야 일의 효율이 생긴다고 생각해서 계속 공부를 하려 한 것인데 사장은 내가 일에는 관심이 없다고 생각한 것이다.

또 다른 단점은 생각보다 생산적인 업무에 집중할 수 있는 시간이 부족하다는 것이다. 9시 출근해서 6시 퇴근한다고 하면 점심시간 빼고 8시간이 있는데 그 8시간 동안 실제로 AI 빅데이터 분석에 집중할 수 있는 시간은 절반도 안 될 것이다. 회의, 각종 문서 및 행정 작업, 출장 왔다 갔다 하는 시간 등 회사에서 시키는 잡무에 시달리다 보면 실제 분석업무를 할 시간에 별로 없다.

이러한 단점을 해결하기 위해서는 회사에서 대체 불가능한 인재가 되어서 높은 존재감을 지니거나 원격근무를 해야 한다.

예전에 회사 다닐 때 지방 국립대 교수를 하다가 오신 분이 있었는데 그분은 출퇴근도 비교적 자유롭고 독방을 주었으며 업무상 특별히 데드라인 없이 자유롭게 연구할 수 있게 배려해 주었다. 교수급 또는 박사급 인재면 회사에서도 자유롭게 연구하라고 배려를 해준다. 또는 원격근무를 하면 된다. 내가 좋아하는 방식이다.

나는 현재 개인 사업도 하고 있지만 원격 근무로 다른 회사의 직원으로도 소속되어 있다. 내가 밤에 일하든 주말에 일하든 상관없다. 일정 안에만 일을 끝마치면 아무도 나한테 뭐라 안한다.

낮에는 신나게 공부하고 저녁에 집중해서 일하면 기분도 좋고 효율도 좋고 회사도 일정 안에 일이 끝났으니 만족하고 모든게 완벽하다. 하지만 원격근무를 허용받기가 쉽지 않기 때문에 스스로 적극적으로 원격근무를 하겠다고 어필해야 한다.

충분히 실력을 쌓고 신뢰를 쌓은 후 적극적으로 원격근무를 해보겠다고 요구해보라. 주 5일 원격 근무가 힘들다면 주 2~3일이라도 원격근무를 요구하도록 하라.

독립을 위해 준비해야 할 것들

나는 회사 안에만 계속 있으면 불만들이 완전히 해결될 수 없다고 인지한 후에 본격적으로 독립을 위해 준비를 했었다. 독립이라는 것은 회사 밖에서도 스스로 수익을 창출할 수 있어야 한다. 회사를 그만두고 무일푼으로 있는 것은 독립이 아니라 그냥 백수가 되는 것이다. 따라서 나는 월급 이외에 소득을 창출할 수 있는 방법을 연구하였다.

우선 회사를 나온 이후에도 밖에서 사람들이 나를 찾아오게 하려면 실력도 있어야 하고 나 스스로를 PR할 수 있는 무기가 있어야 한다고 생각했다.

그래서 상사의 눈치를 보면서 근무 시간 중 짬짬이 공부하고 퇴근 후 밤과 주말에 몰아서 공부를 많이 하였다. 공부 뿐만 아니라 남들이 나를 인정해줄 수 있는 무언가를 갖추기 위해 여러 자격증을 꾸준히 응시해서 따고 블로그를 하나 만들어서 데이터 분석과 관련한 글을 꾸준히 올렸다.

또한 프리랜서 플랫폼에 내 이력을 올리고 플랫폼을 통해 나에게 데이터 분석을 의뢰하는 분들에게 서비스를 제공해주었다.

그래도 무언가 부족하다고 생각이 들어서 고민을 하다가 박사를 하면 좀 더 남들에게 인정받을 수 있겠다 싶어서 박사 과정에 지원을 하였고 입학 합격을 받은 후 바로 회사를 그만 두었다.

나의 사례를 말해 보았지만 자신만의 방법으로 다양하게 독립을 준비할 수 있을 것이다. 그러나 확실한 것은 독립을 위해서는 회사 밖에서도 수익을 창출할 수 있는 무언가 통로가 있어야 하고 밖에서 나를 불러줄 수 있을 정도로 스스로 실력도 쌓고 PR할 수 있는 무기도 있어야 된다는 것이다.

책을 쓰는 것도 좋고 플랫폼을 통해 온라인 강의을 하는 것도 좋고 블로그를 쓰는 것도 좋고 전문 자격증을 따는 것도 좋다. 무슨 방법이 되었든 각자 자신에게 맞는 방법에 따라 실천해보기를 바란다.

4장

프리랜서로 돈벌기 노하우

4장.
프리랜서로 돈벌기 노하우

프리랜서 플랫폼 사용법

회사를 나온 직후 또는 퇴사를 준비하면서 쉽게 수익을 창출할 수 있는 방법은 역시 프리랜서 활동이다.

창업 자본이 들지 않고 컴퓨터만 있으면 되어서 시간과 장소에 구애받지 않고 일할 수 있다. 또한 세금도 3.3%밖에 내지 않아 실력만 좋으면 쉽게 고소득을 창출 할 수 있다.

만약 당신이 AI 빅데이터 분야의 유명인이라면 굳이 프리랜서 플랫폼을 통하지 않고도 직접 고객들이 연락 올 수도 있다. 하지만 이제 막 프리랜서 활동을 시작한다면 플랫폼의 도움을 받아 스스로를 노출시키는 것이 중요하다.

국내의 대표적인 프리랜서 플랫폼으로는 크몽(kmong), 오투잡(o2job), 재능넷(janung.net), 위시켓(wishkat), 프리모아(freemoa), 숨고(soomgo)가 있다.

프리랜서 플랫폼 크몽 메인화면

나는 퇴사한 직후 이러한 플랫폼들을 통해서 적지않게 프로젝트를 수주할 수 있었다. 플랫폼 정책마다 다르지만 보통 공급가액의 15~20% 정도를 플랫폼 수수료로 지급한다. 적지 않은 금액이지만 고객과 나를 이어주는 공간이며 마케팅까지 알아서 해주어 충분히 지불할 수 있는 수수료라고 생각한다.

각 플랫폼들은 구글 검색 엔진 최적화도 자체적으로 수행하고 있어서 구글에 내 이름을 검색하면 상단에 프리랜서 플랫폼에 올려놓은 내 이력이 나타나기도 한다.

또한 한 플랫폼은 나를 위해서 SNS에 카드뉴스를 발행해주기도 하였다. 그리고 플랫폼을 통해서 인연을 맺은 고객이 단골 고객이 되어 더 큰 프로젝트를 의뢰하는 경우도 많았다.

간혹 플랫폼 수수료 15~20%를 아끼기 위해 플랫폼을 통하지 않고 직접 거래를 하려는 분들이 있는데 적발되면 플랫폼에서 퇴출되기 때문에 삼가는게 좋다. 플랫폼에 내는 수수료를 마케팅 비용이라고 생각하면 오히려 저렴하다고 느끼면서 스스럼없이 낼 수 있을 것이다.

그러면 이러한 프리랜서 플랫폼에 어떻게 나의 이력과 재능을 올릴 수 있을까?

다행인 점은 아직까지 AI 빅데이터 분야의 프리랜서가 다른 IT 업종 프리랜서들에 비해 절대적으로 적기 때문에 상대적으로 프리랜서 시장의 블루오션이 될 수 있다.

그래서 플랫폼에 자신을 충실히 소개하면 충분히 괜찮은 소득을 올릴 수 있을 것이다.

우선 내가 플랫폼에 내 자신을 소개한 팁을 말하자면 다음과 같다. 처음에 문구를 잘 만들어 놓으면 다른 플랫폼들에 그대로 복사 붙여넣기를 할 수 있기 때문에 매우 쉽다.

1) 나를 포장할 수 있는 스펙을 모조리 다 넣는다.

글이 적은 것보다는 아무래도 많은 게 좋다. 그래서 나는 스펙이 될 만한 것들은 모두 다 소개 글에 넣었다.

학력, 회사 경력, 자격증, 논문 실적, 회사 다니면서 했었던 프로젝트 경력, 회사 다니면서 등록했었던 특허실적까지 넣을 수 있는 것들은 모조리 다 넣었다. 사실 박사 과정까지의 학력을 제외하고는 나머지는 누구나 다 쉽게 획득할 수 있는 스펙이다.

회사 경력은 회사를 다닌 경험이 있으면 누구나 쓸 수 있고 자격증은 2주~1개월 공부하면 딸 수 있는 자격증들이다.

논문 실적은 대학원 다니면서 쓴 몇 편이 있었고 프로젝트 경력이나 특허실적은 회사에서 연구원으로 재직하면 자연스럽게 생기는 항목들이다.

퇴사 후 프리랜서 활동을 시작하게 되면 회사 다니면서 했었던 모든 활동을 이력으로 넣어보아라. 회사 다닐 때는 의무적으로 했었던 일들이 이력에 가득 채워지면 꽤 큰 무기가 될 수 있을 것이다.

2) 빠른 일처리를 강조하라.

프리랜서에게 프로젝트를 맡기는 이유는 급해서 맡기는 경우가 대부분이다. 보통 스스로 하려다가 또는 직원에게 시켰다가 또는 외주용역 업체에 맡겼다가 완성하지 못하고 마감에 임박해서 급하게 연락하는 경우가 대부분이다. 그래서 대부분 빠른 일처리를 중요하게 생각한다.

물론 품질도 중요하지만 완벽한 품질을 위해서 장시간 시간을 끄는 것보다 어느 정도 품질이 나오면 빠르게 일처리를 해주는 프리랜서를 대부분 원한다. 그래서 나는 소개글에 빠른 일처리를 강조하였다. 구체적으로 어떤 종류의 일은 몇 일 정도 걸린다 라고 명시해두었다.

예를 들어 A 타입의 일 - 3일, B 타입의 일 - 5일

이런 식으로 명시해 둔 것이다. 프로젝트를 맡긴 후 3~5일 만에 일을 마친다고 PR하면 고객들은 엄청 기뻐할 것이다. 그리고 다른 어떠한 프리랜서들보다 당신을 찾을 것이다.

그러면 어떻게 3~5일만에 일을 마치냐구?

우선 일을 열심히 하는 수 밖에 없다. 회사를 그만두고 일을 하는 것이니 올인(all in)해서 하루 종일 프리랜서 일에 매달릴 수 있다. 그리고 만약 3~5일 만에 끝마치지 못할 일이면 애초에 받지 말거나 고객에게 사전에 다른 기다리는 업무가 많아서 시간이 더 오래 걸릴 수 있다고 양해를 구해야 한다.

3) 고객 리뷰는 무엇보다 중요하다.

보통 플랫폼마다 리뷰 작성하는 공간이 있다. 고객과의 거래가 끝나면 고객이 리뷰를 작성할 수 있는데 리뷰를 작성하면 소개글 아래에 리뷰가 쌓인다.

리뷰의 중요성은 무엇보다 중요하다.

볼 영화를 선택하거나 온라인에서 물건을 사더라도 대부분 리뷰를 가장 먼저 본다. 프리랜서를 알아볼 때에도 마찬가지다. 특히 프리랜서는 생전 일면식도 없는 사람을 소개 글만 보고 선택해야 하기에 고객들은 리뷰를 무엇보다 중요시한다.

고객 입장에서 리뷰를 작성하는 것은 그다지 어렵지 않은 일인데 귀찮아서 대부분 작성 안하는 경우가 많다. 그래서 직접 프로젝트가 완성되면 리뷰 작성을 요청해야 한다. 간단하게 리뷰를 작성해주면 감사하겠습니다, 라고 짧게 요청하거나 기프티콘을 주면서 좀 더 친화적이게 리뷰를 요구할 수도 있다.

심지어 나는 사전에 가격 흥정을 할 때에 리뷰를 잘 달아주는 조건으로 가격을 깍아준적도 있다. 나는 장문의 좋은 리뷰를 받으면 마치 큰 프로젝트는 수주한 것처럼 기분이 좋았다.

실제로 리뷰의 힘은 꽤 강력하다. 프로젝트 의뢰를 위해 미팅 온 고객중 많은 분들이 나의 리뷰를 보고 신뢰가 생겼다고 말하곤 하였다.

4) 프로젝트 이력을 월별로 업데이트 하라

프리랜서 중에는 한 번 소개 글을 올려놓고 업데이트를 안 하는 경우가 많다. 이 경우 해당 프리랜서가 계속 활동을 하는 사람인지 더 이상 활동을 안 하는 사람인지 분간하기가 어렵다. 나는 프로젝트를 하나 끝날 때마다 해당 프로젝트를 소개 글에 업데이트 하였다.

예를 들어 '2020년 1월 - A회사 : 프로젝트 제목' 같은 방식으로 월별로 업데이트를 하였다.

이런 식으로 꾸준히 업데이트를 하다보면 고객 입장에서는 해당 프리랜서가 최근까지도 활발히 활동하고 있다고 생각하고 적극적으로 연락을 할 것이다.

물론 수행한 모든 프로젝트를 모두 다 업데이트 할 필요는 없다. 너무 다 올리게되면 오히려 소개 글이 지저분해질 수 있다. 그래서 나는 꽤 네임 밸류가 있는 회사들 위주로 프로젝트 완수 이력을 올려놓았다. 고객 입장에서는 알려진 회사들의 프로젝트를 수행했다는 것을 보고 더욱 신뢰를 할 수 있다.

5) 본인 사진을 올리면 더욱 신뢰감이 생긴다

실제 온라인상에서 상대 얼굴 사진을 보는 것과 안보는 것이 매력도에 영향을 미친다는 연구 결과도 있다(김희선, 심민선. 2014). 프로젝트 비용을 지불하고 의뢰를 맡기는 고객 입장에서는 온라인상에서 쪽지 몇 번 주고 받고 의뢰를 해야하기에 상대가 제대로 된 사람인지 의구심을 가질 수 밖에 없다.

이러한 정보 격차를 해결하기 위해 소개 글도 열심히 적고 리뷰도 열심히 받고 하겠지만 반듯한 사진까지 올려놓으면 더욱 신뢰감을 줄 수 있다.

말끔하게 차려입고 찍은 사진을 소개 글에 올려놓아라. 당신 글의 클릭율과 수주율을 높여줄 것이다.

소개 글에 대한 것은 아니지만 마지막으로 팁을 주면 직접 대면 미팅을 하게 되면 더욱 수주율이 올라간다.

온라인 상에서 쪽지로 주고 받는 것보다 직접 만나서 이야기를 한다면 고객 입장에서 더욱 쉽게 돈을 내놓을 확률이 커진다.

단 주의해야 할 점은 플랫폼을 통해서 대면 미팅을 시간과 장소를 정할 때에는 소액이라도 사전에 상담비용을 요구해야 한다. 안그러면은 직거래 위험 사유로 플랫폼에서 퇴출될 수도 있다.

각 프로젝트와 유형별 장단점

프로젝트는 크게 공공기관 과제, 민간 기업과제, 개인 과제로 나눌 수 있다.

공공기관 과제는 공공기관 R&D 연구보고서를 완성해야 하는데 자체적으로 능력이 안 되서 급하게 프리랜서에게 요구하는 경우가 대부분이다.

그래서 조건만 어느 정도 맞으면 바로 계약을 체결하고 일거리를 맡긴다. 주로 연말에 많이 몰리는데 연말이 과제 마감일인 경우가 대부분이기 때문이다.

그리고 공공기관이기 때문에 의뢰비용을 정확한 날짜에 확실히 지불해준다. 또한 연구 과제 성격이라 실전에 적용하는 분석이 아니라 성과가 확실히 나오지 않아도 크게 문제 삼지 않아 완수하기도 수월하다.

하지만 단점도 있다. 공공기관의 특성상 비용 책정이 공식적으로 정해져 있기에 프리랜서에게는 크게 비용 지불을 하지 않는다. 또한 학력, 경력에 따라 비용을 책정하는 경우도 많았다. 마지막으로 교육이라는 명목으로 직접 공공기관에 와서 컨설팅 또는 발표를 요구하는 곳도 꽤 있었다.

민간 기업과제는 실제 현업에서 적용하기 위한 AI 빅데이터 모델을 요구하기 때문에 최근 알고리즘이나 고난이도 알고리즘을 필요로 한다.

그래서 어려울 수는 있지만 해내기 위해 열심히 공부하다보면 실력도 늘고 완수했을 때 받는 댓가도 크다. 그래서 나는 민간 기업과제를 가장 선호한다.

단점은 사전에 계약을 꼼꼼히 하지 않으면 나중에 분쟁이 생길 염려가 있다. 가장 많이 분쟁이 생기는 경우가 수정, 보완의 경우다.

고도화를 계속 진행하다 보면 기업 입장에서는 지속적으로 수정을 요구하는 경우가 있는데 프리랜서 입장에서 언제까지 무제한 계속 수정을 해줄 수는 없기 때문이다. 그래서 이를 방지하기 위해 꼼꼼히 계약서를 작성하는게 무엇보다 중요하다.

마지막으로 개인 과제가 있다.

개인 과제는 주로 논문 데이터 분석이나 회사에서 본인이 해야 할 업무를 대신 맡기는 경우다.

장점은 빠른 시간 내에 해치우고 수익금을 얻을 수 있다는 점이다.

단점은 개인이 지불하기 때문에 프로젝트 단가가 비교적 낮고 가끔씩 댓가를 지불 안하는 사람들이 있다는 것이다. 선금을 받고 결과를 제공한 다음에 잔금을 요구하면 갑자기 연락이 두절되는 경우가 종종 있었다.

프로젝트 비용이 비교적 소액이기에 법적 분쟁으로까지 가기도 애매하기 때문에 대부분 어쩔 수 없이 잔금 받기를 포기한다. 따라서 될 수 있으면 개인 과제의 경우에는 100% 선금을 받고 프로젝트를 시작 하는게 바람직하다.

주요 업무 내용과 업무 처리 방법

업무의 핵심은 데이터 분석이다.

AI 빅데이터 모델을 만들고 이 모델이 성과를 내는게 핵심이다. 하지만 부수적으로 프로젝트에 따라 업무 내용이 조금씩 다르다.

먼저 가장 간단하게는 코드만 제공하는 경우다. AI 빅데이터 알고리즘을 코드로 제공하고 고객이 이를 활용하여 응용할 수 있게 전달하는 경우다. 코드에 간단히 주석을 달아주는 것은 필수다.

보고서까지 작성해야 하는 경우도 있다.

주로 공공기관 과제가 이러한 경우다. 코드를 구현하고 데이터에 실험을 한 후에 이를 보고서로 나타내야 한다. 논문과 비슷하게 서론이 있어야 하고 구체적인 연구방법과 실험결과를 보고서로 제공해야 한다. 예쁜 차트를 곳곳에 넣어주면 더욱 효과가 좋다. 이러한 보고서를 작성하려면 문장력도 어느 정도 있어야 한다.

API(Application Programming Interface)6)로 원하는 경우도 있다. 알고리즘을 만든 후 해당 알고리즘의 결과를 직접 쉽게 받아볼 수 있게 API로 생성을 요구하는 경우다. 민간 기업과제가 이러한 식으로 많이 의뢰를 한다.

API 생성을 위해서는 DB, 서버 작업까지 함께 동반해야 한다. 어려운 작업은 아니지만 API 작업까지 들어가면 견적이 더 올라가기에 오히려 프리랜서 입장에서는 좋다.

마지막으로 웹 또는 앱으로 개발까지 의뢰하는 경우다.

이 경우 견적이 천정부지로 오른다. 안타깝게도 나는 개발은 하지 못한다. 그래서 이러한 경우는 웹 또는 앱 개발 에이전시와 협력해서 프로젝트를 진행한다.

프로젝트를 하게 되면 실시간으로 프로젝트 진행 상황을 고객에게 알려주는 것이 좋다. 그래야 만약 커뮤니케이션 미스로 잘못된 방향으로 진행하고 있다면 즉각 대처할 수 있기 때문이다.

아무런 소통도 안하다가 마지막에 잘못된 점을 발견하면 처음부터

---

6) 응용 프로그램에서 사용할 수 있도록, 운영 체제나 프로그래밍 언어가 제공하는 기능을 제어할 수 있게 만드는 인터페이스이다.

다시 해야 하는 낭패를 겪을 수 있다.

나는 주로 구글 공유 문서에 일자별 진행 상황을 업로드 한다. 다른 여러 개발자들과 협업이 필요한 경우에는 Slack 메신저를 통해 진행 상황을 서로 업로드하며 공유하고 구글 캘린더를 통해 개발자들간의 일정 관리를 맞춘다.

고객 대응 방법과 나만의 강점

다수의 외주 용역 프로젝트를 맡다보니 고객별 응대요령을 터득하게 되었다.

우선 지나치게 가격을 흥정하려는 고객은 피하는게 좋다. 외주용역 특성상 어느 정도 가격 흥정은 있기 마련이다. 하지만 지나치게 가격을 계속 깎으려 한다거나 졸라대는 고객이 종종 있다. 연민의 감정 때문에 몇 번 그들의 요구를 들어준 적이 있는데 이후 큰 후회를 하였다.

가격을 지나치게 깎는 고객들은 지나치게 프로젝트에 대한 요구도 많았다. 거듭 수정 요구를 반복했고 새로운 분석을 요구하는 것도 무상으로 그대로 해주기를 요구했다. 외주용역이 다 끝난 이후에도 지속적으로 연락이 와 시간을 빼앗기도 하였다.

가장 힘들었던 것은 더 이상 시달릴 수 없어서 더 이상 못하겠다고 하면 오히려 화를 내곤 했던 점이다. 영화에 나오는 대사처럼 호의가 계속되면 권리인줄 아는 것 같았다.

애초에 자신만의 적정 시간당 임금 기준을 세워두고 그 금액 범위 안에서 비용을 받는게 좋다. 그 범위 밖의 가격을 요구하는 고객의 요구는 처음부터 거절하는게 좋다.

프로젝트를 맡게 되면 가장 먼저 해야 할 일은 계약서를 쓰는 것이다. 귀찮거나 그냥 서로를 믿는다고 하면서 대충 말로만 합의하고 계약서를 안 쓰는 경우가 종종 있는데 그러다가는 나중에 크게 후회할 수 있다.

계약서에는 우선 서비스 제공 사항을 항목별로 적어야 한다.

예를 들어 데이터베이스 설계 및 생성 1개, 이상 탐지 시계열 딥러닝 모델7) 2개, API 생성 1개와 같이 구체적인 서비스 제공 항목을 적어야 한다. 그리고 각 항목별 단가도 함께 기입한다.

또 중요한 사항은 무상 수정 횟수이다. IT 서비스의 성격상 수정이 없는 경우는 거의 없다. 그렇다고 무제한 무상으로 수정을 해줄 수는 없기에 몇 회까지 무상으로 해준다라고 계약서에 명시해야 한다. 보통 2~3회 무상 수정이 일반적이다.

이렇게 구체적으로 서비스 제공 항목, 단가, 수정 횟수까지 계약서에 적어놓으면 나중에 분쟁이 생길 염려가 없다. 그런데 이렇게 계약서에 적어놓지 않고 그냥 프로젝트를 수행하게 되면 고객이 계속 수정을 요구하거나 새로운 분석을 요구해도 프리랜서 입장에서 참고 그냥 무상으로 해주는 경우가 종종 발생하게 된다.

계약서 작성까지 마치고 본격적인 프로젝트에 착수하게 되면 고객에게 매일매일 진행 상황을 보고 하는게 중요하다. 그래야 고객 입장에서도 안심하고 프리랜서를 더욱 신뢰할 수 있다.

또한 매일 보고해야 만약 초반 커뮤니케이션 오류로 작업을 잘못하고 있다면 사전에 바로잡을 수 있다. 보고 방식은 구글 공유 문서를 이

---

7) 일정 시간 간격으로 배치된 데이터들의 집합을 딥러닝을 통해 학습한 모델을 뜻한다.

용해 그날 진행한 상황을 간단히 몇 문장으로 작성하고 만약에 특별히 나온 결과물이 있다면 결과물을 캡처 정도 해두면 된다.

외주용역 프로젝트를 할 때의 나만의 강점은 최대한 자주 연락을 하고 최대한 빨리 프로젝트를 완수하다는 점이다.

고객 입장에서 프리랜서가 자주 연락하고 완수도 예상 일정보다 빨리 끝내면 당연히 호감을 살 수 밖에 없을 것이다. 눈 앞에서 일하는 것을 보지 못하기 때문에 기본적으로 일을 잘하나 불신이 쌓여 있을 텐데 그러한 불신을 완전히 해소해주기 때문이다.

그래서 내 전략은 일단 자주 소통하며 빠르게 완수하고 그 다음에 수정 보완을 하면서 좀 더 완벽하게 마무리하는 것이다. 아무리 품질이 좋아도 예상 일정보다 완수가 늦어지면 고객은 불만을 품을 수 밖에 없다. 이거는 내가 장담할 수 있다. 무조건 납기 일자를 우선 순위로 삼아라.

5장

빅데이터 창업과 영업 노하우

5장.
빅데이터 창업과 영업 노하우

창업 과정과 주의할 점

창업시 가장 중요하게 생각해야 할 점은 작게 시작하라는 점이다. I T 특히 AI 빅데이터 분야로 창업을 하려 한다면 더욱 이 부분을 적용할 수 있다. 작게 시작해도 충분히 많은 수익을 창출할 수 있다.

대한민국 대졸자들이 창업을 기피하는 현상은 창업은 아무나 못하고 위험한 거라고 생각하기 때문이다. 하지만 요즘에는 그렇지 않다. 최근에는 정부 지원 사업이 워낙 많이 있어서 창업을 할 때에 본인 돈 1원도 안 써도 된다. 나도 물론 내 돈 1원도 안 썼다.

우선 사업자등록을 아직 안했다면 창업진흥원에서 매년 초에 공고가 열리는 예비창업패키지에 도전해볼 수 있다. 최대 1억원까지 지원받을 수 있다.

〈예비 창업 패키지〉

예비창업자의 시제품제작, 마케팅 등에 소요되는 사업화 비용을 최대 1억원까지 바우처 형식으로 지원하는 제도이다.

○ **신청대상** : 청년, 중장년 전대상으로 공고일 현재 **신청자 명의의 사업체(개인, 법인)를 보유하고 있지 않은자**

※ 신청시, 해당 연령 구분에 맞게 신청하여야 함

* 청년 : 만 39세 이하인 자

* 중장년 : 만 40세 이상인 자

○ 모집분야

분야	모집 업종	주관기관	모집 규모
일반	全 기술분야	창조경제혁신센터, 대학 등 36개 기관	1,100명 내외

선정절차 및 평가방법

○ **서류 및 발표평가**

○ **서류평가** : 주관기관별 지원규모의 2배수를 발표평가 대상자로 선발

○ **발표평가** : 5분 발표, 15분 내외 질의응답 (주관기관에서 평가)

○ **선정기준** : 창업아이템 개발 동기, 사업화 전략, 시장진입 및 성과창출 전략, 대표자 및 팀원의 역량, 가점 등 평가

○ **지원내용**

○ 기술혁신 창업 아이템을 보유한 예비창업자의 원활한 창업사업화를

위하여 사업화 자금을 바우처로 최대 1억원 (평균 51백만원) 한도 지원

〈초기 창업 패키지〉

창업한지 3년 미만이라면 초기창업패키지 또는 청년사관학교에 지원할 수 있다. 최대 1억원까지 지원받을 수 있다.

창업인프라가 우수한 대학, 공공기관 및 민간 등을 통해 권역 내 지역창업 활성화 및 초기창업자(창업 3년 이내)의 성장 지원하는 제도이다.

○ **신청대상** : 창업 3년 이내 기업
○ **모집분야**

분야	업력요건	자격요건	선정규모	지원한도
혁신 분야	창업 3년 이내 기업(개인, 법인)	• 혁신적인 고기술을 보유하고, 전문기술인력이 대표자인 창업기업	50개 내외	최대 1억원
신산업 분야		• 신산업 분야 관련 창업아이템 보유	170개 내외	

선정절차 및 평가방법

① **자격검토** : 사업계획서, 증빙서류 등을 확인하여 신청자격, 신청제외 대상 여부 등 검토

② **서류평가** : 제품·서비스 개발 동기, 개발방안, 시장진입 및 성과창출 전략, 대표자 및 직원의 역량 등을 종합적으로 평가

③ **발표평가** : 제품·서비스 개발 동기, 개발방안, 시장진입 및 성과 창출 전략, 창업기업 대표자 및 팀원의 역량 등을 종합적으로 평가

④ **현장확인** : 최종선정 예정 기업(개인, 법인)를 대상으로 사업계획서 내용을 현장 확인

○ 지원내용

○ 고급기술 및 유망 창업아이템을 보유한 초기창업기업의 시제품 제작, 마케팅 활동 등 사업화에 소요되는 자금 지원(최대 1억원)

〈청년사관학교〉

KOSME (청년창업사관학교)(kosme.or.kr)에서 지원하는 제도

○ **신청대상** : 만 39세 이하인 자로서, 창업 후 3년 미만 기업의 대표자. 단 기술경력보유자의 경우 만 49세 이하까지 가능
○ **모집분야** : 고용 및 부가가치 창출이 높은 기술집약 업종(제조업 및 지식서비스업)

선정절차 및 평가방법

01 신청·접수	02 서류심사	03 심층심사	04 사업운영위원회	05 입교
k-start up 홈페이지	1.5 배수 내외 선정 기술성 및 개발능력 평가	교육 및 코칭, PT평가/ 사업화 계획 및 사업비 규모 확정 등	최종합격자 확정 정책목적성을 고려한 선발	협약 체결

창업 7년 이하면 창업성장기술개발 사업으로 지원 부분에 따라 최대 1.5억, 4억, 5억을 지원 받을 수 있다. 심지어 이 사업은 최대 3번 지원받을 수 있다.

정부지원사업에 지원하기 위해서 엄청난 공부가 필요한 것이 아니

다. 물론 대표 본인이 열심히 공부해서 IT분야의 정통한 개발자가 되었다면 심사위원들에게 기술력 부분에서 가점을 받을 수도 있고 사업계획서 쓰기도 용이할 수 있다.

하지만 꼭 실력 있는 개발자가 아니더라도 충분히 아이디어가 좋고 미래 계획이 철저하면 선정될 수 있다. 내 주변에도 문과 출신 대표들이 IT 기반 아이템으로 정부지원 사업에 선정된 경우를 무수히 많이 보았다.

만약 당장 사업을 시작하고 싶은데 정부지원사업에 탈락했다면 어떻게 할까?

그래도 걱정하지 마라. 정부지원사업은 매년 있다. 내년에 재도전하면 된다. 그리고 내년까지는 우선 정부지원사업 자금 없이 사업을 시작하면 된다. 이 경우도 역시 본인 돈 1원도 안 써도 된다. 필요한 것은 고성능 컴퓨터, 책상, 의자가 전부이다. 그냥 집에서 사업을 하면 된다.

정부지원 사업에 대한 정보 안내

k-스타트업 (https://www.k-startup.go.kr)
창업진흥원 (https://www.kised.or.kr)

정부 지원 사업 이외에도 엔젤투자, 엑셀러레이터, VC(Venture Capital)를 통한 투자도 얼마든지 가능하다. 이 경우에는 법인 지분을 일정수준 이상 양도해야 가능하다.

참고 : 엑셀러레이터와 VC(Venture Capital)의 차이점은?

'엑셀러레이터'는 흔히 '엑셀'이라 불리는 가속장치(Accelerator)를 말한다.

창업 초기의 기업이 성장 궤도에 빨리 오를 수 있도록 자금과 컨설팅을 제공해준다. 즉 엑셀러레이터는 창업기획자이자 멘토 역할을 하는 회사로서 직접 투자할 기업들을 발굴한다. 창업 아이템만 존재하는 단계의 초기 스타트업을 발굴해 업무공간 및 마케팅 등의 업무를 지원한다. 더불어 언론과 투자자를 상대로 데모 데이(demo day, 사업 아이디어를 발표하는 자리)를 개최하며 성장 기반의 장을 마련하기도 한다.

VC는 고도의 기술력과 장래성을 갖췄지만 경영기반이 약해 금융기관으로부터 융자받기 어려운 벤처기업에 투자한다. 다시 말해 VC는 창업중소기업의 기술력과 사업성을 심사해 투자를 결정하는 투자 전문 단체를 일컫는다.

VC는 투자를 통해 기업의 성장을 촉진하고 인사·재무·마케팅·전략 등 포괄적인 경영지원 서비스를 제공해 기업 가치를 높인다. 투자는 보통 벤처기업의 주식을 취득하는 형태로 이루어진다.

사무실이 필요하다면 코워킹 스페이스(공유 사무실)를 사용해도 되고 그마저도 비용을 절감하고 싶다면 각 주요 대학마다 개설되어 있는 창업보육센터에 입주하면 된다. 창업보육센터의 경우 무료 또는 굉장히 저렴한 비용으로 이용할 수 있다.

나는 집에서 사업을 시작했다.

고성능 컴퓨터가 필요해서 컴퓨터 교체비용을 쓴 것 이외에는 내 돈을 전혀 쓰지 않았다. 심지어 나는 내가 스스로 AI 빅데이터 분석에 능통했기에 인건비조차 들지 않았다.

그렇다면 만약 대표자 본인이 개발자가 아니라면 어떡할까?

실력 있는 개발자와 동업을 할 수도 있다. 보통 동업을 하게 되면 지분을 나누어 갖고 시작하게 된다. 월급을 제대로 줄 수 있는 형편이 안되기 때문에 대신 지분을 주면서 미래가치를 공유하는 것이다.

창업은 했는데 만약 실패했다면?

또 하면 된다. 아이템을 바꾸든지 전략을 바꾸든지 다시 한 번 도전하면 된다. 사업은 될 때까지 1번만 성공하면 어쨌든 성공하는 것이다. 그전의 실패는 성공을 위한 과정이라 생각하면 된다.

그러한 사례가 무수히 많다. 크몽 박현호 대표는 크몽으로 성공하기 전에 너무나도 사업을 많이 실패해서 전기값을 낼 돈을 아끼기 위해 지리산 절에서 크몽을 개발하였다.

AI 빅데이터 분야로 사업을 하게 되면 설사 실패를 한다고 하더라도 자기자본 손실이 전혀 없기 때문에 몇 번이고 더 도전할 수 있다. 손실이라고 한다면 그동안의 투자한 시간 정도인데 그것도 배움의 시간이라고 생각하면 전혀 아깝지 않다.

현재 회사 수입의 구조

현재 우리 회사의 수입구조는 크게 정부 R&D 과제, 기업 외주 프로젝트, 솔루션 이용료로 나뉜다.

정부 R&D 과제는 정부에서 국가 중점 사업 연구개발을 위해 자금을 제공해주는 형식이다.

워낙 그 종류가 다양한데 우리 회사의 경우 AI 바우처, 데이터 바우처를 통해 매출을 올리고 있다. 둘 다 AI 빅데이터 분야의 회사만 지원 가능한 정부 과제이다.

이는 2019년부터 신설된 과제이며 다른 과제들에 비해 경쟁률도 높지 않아 비교적 수월하게 선정될 수 있다. 더욱이 선금, 잔금이 기간내에 바로 지급되고 일반 기업들과는 달리 수정 요구사항이나 프로젝트 성공 통과 기준이 까다롭지 않아 우리 회사에서 가장 선호하는 수입구조이고 매출의 가장 많은 부분을 차지하기도 한다.

참고 : 데이터 바우처 지원사업이란?

중소기업 등을 대상으로 데이터 기반 서비스 개발, 분석 등에 필요한 데이터 구매 또는 가공(일반/AI) 서비스를 전문기업으로부터 제공받을 수 있도록 지원하는 제도.

공통 사항 : 데이터를 활용하여 혁신적인 서비스를 창출할 수 있는 국내 중소기업, 소상공인, 1인 창조기업, 예비창업자 및 감염병 진단, 예방·관리, 치료 관련 연구기관.

데이터 구매 바우처

사업에 필요한 데이터 구매 비용 지원

데이터를 활용해 서비스를 고도화하거나 신규 서비스 개발에 필요한 유료 데이터 구입비를 지원하는 사업입니다.
*비싼 유료 데이터를 저렴한 비용으로 사용하세요.

데이터 가공 바우처

맞춤형 데이터 처리에 필요한 가공 비용 지원

수요기업의 이용 목적에 맞게 데이터 전처리, 태깅, 라벨링, 시각화, 분석 등을 맞춤형으로 가공시 소요되는 비용 지원 하는 사업입니다.

지원 규모

구분	지원내용 및 사업비 구성	지원한도
데이터 구매 (700건 내외)	·마케팅 전략 수립, 비즈니스 모델 개발, 창의·도전적인 아이디어 사업화 등 다양한 데이터 활용 목적에 필요한 데이터 구매 비용 지원 ·구매바우처 1건 당 1,800만원 이내로 지원하며, 지원금 內 여러 종류의 데이터 구매 가능	건당 최대 1,800만원 이내 지원
데이터 가공 (720건)	·AI기반 서비스·제품 개발, 빅데이터 분석, 사회현안 해결 등에 필요한 인공지능 학습 데이터셋 구축 및 일반가공 비용 지원 ※ 데이터를 가명·익명화(비식별) 처리하는 경우도 데이터 가공업무의 하나로 간주하여 지원 ·가공바우처는 AI 개발을 위한 데이터셋 구축 등의 경우 1건 당 7,000만원 이내 지원하며, 일반적인 빅데이터 분석을 위한 데이터 가공 업무에는 최대 4,500만원 이내 지원 예정 ※ AI가공은 300건, 일반가공은 420건 지원 예정	건당 최대 4,500만원(일반) 7,000만원(AI) 이내 지원

기업 외주 프로젝트는 기업 자체에서 R&D를 수행하려고 하거나 새로운 프로그램을 만들고 싶은데 자체 인력으로 충당이 안 되어 우리

회사에 의뢰한 경우이다.

구글, 네이버 키워드 광고를 통해 홈페이지를 보고 연락이 오거나 기존 고객들이 소개해주어서 연락이 오는 경우가 대부분이다.

최근에는 내가 이전에 쓴 책을 보고 연락이 오는 경우도 있다.

만약 의뢰해온 기업이 스타트업이라면 위에서 말한 초기창업패키지, 청년사관학교 등 정부지원사업을 통해 자금을 지원받고 그 자금으로 우리에게 의뢰를 하는 경우가 대부분이다.

이 경우 확실하게 자금을 받을 수도 있고 스타트업이다 보니 계약과정을 빠르게 진행할 수 있다.

대기업 같은 경우는 프로젝트를 수주하면 레퍼런스(referance)에 도움이 되어 홍보 효과를 볼 수 있고 프로젝트 단가도 비교적 크다.

반면 계약 전 여러 번의 미팅과 결제를 거쳐야 하고 만약 최종 결재권자가 거부하면 막판에 어그러지는 경우도 있다.

대기업은 상대방 업체를 선정할 때 외부에서 보이는 회사 형태를 꼼꼼하게 따지는 경향이 있다. 사무실 위치, 업력, 매출액, 직원 수 같은 것을 중요시한다. 그래서 외형상 회사 규모를 크게 보이기 위해서 일부러 파트타임 또는 계약직 직원을 많이 고용하고 무리를 해서라도 강남에 사무실을 얻으려는 스타트업 대표들을 꽤 볼 수 있다.

솔루션 이용료는 현재까지는 매출 부분에서 가장 작은 부분을 차지하지만 가장 신경을 많이 쓰는 부분이다.

현재 우리 회사가 만드는 솔루션은 B2B 솔루션이기 때문에 기업에 제공을 하고 월 이용료를 받고 있다. 월 이용료는 기업 고객이 사용하는 데이터의 양에 비례해서 받고 있다. 솔루션은 협력 기업과 합작으로 만든 것도 있고 독자적으로 만든 것도 있다.

구체적으로 납품한 대표적인 곳들은 〈룩핀〉, 〈클럽클리오〉, 〈윌라〉, 〈펫프렌즈〉, 〈이블랭〉, 〈러블랭〉, 〈유어룸〉, 〈퍼즐스토어〉, 〈댕냥이네〉, 〈아자스쿨〉 등이 있다.

솔루션의 기능은 납품 업체들마다 조금씩 상이한데 간단하게 말하면 온라인 쇼핑몰을 위한 자동 마케팅 솔루션이라고 생각하면 된다. 실시간으로 사용자의 취향을 파악하여 상품 또는 쿠폰을 푸쉬한다. 또는 대시보드를 통해 현재 쇼핑몰의 전체적인 현황을 각 지표들을 통해 살펴 볼 수 있다.

솔루션은 한 번 납품해놓으면 상대 기업이 중간에 해지하지 않는 이상 정기적으로 수입을 창출할 수 있다. 또한 기업 가치를 평가받기 위해서도 솔루션 성능과 솔루션을 통한 매출액이 중요하기에 우리가 가장 많이 신경을 쓰고 있다.

직원 채용시 고려사항

스타트업 특성상 직원 채용이 가장 어려운 부분이다. 아무래도 명문대 출신이거나 실력있는 경력자들은 이름 있는 대기업을 원하기 때문이다. 또한 규모가 크지 않기 때문에 직원 한 명 한 명의 포션이 굉장히 커서 직원 한 명 잘못 뽑으면 일정상 꽤 큰 타격을 입을 수 있다.

그래서 나는 되도록 지인 추천을 통해 인재를 영입하는 것을 추천한다. 지인이 보증하는 만큼 최소한 기본은 하기 때문이다. 그리고 괜찮은 직원이 뽑히면 또 그 직원이 추천하는 다른 지인을 뽑는 식으로 계속 이어 나가는게 바람직하다. 그러면 직원 간에도 원래부터 서로 알던 사이기 때문에 일할 때 서로 단합이 잘 된다.

만약 지인 추천으로 직원을 고려하기 힘들다면 어쩔 수 없이 공개 채용을 해야 한다.

IT 스타트업은 주로 〈로켓펀치〉를 통해 공개 채용을 한다. 기존에 취업공고 사이트로 많이 활용되는 잡코리아, 사람인과 같은 대형 플랫폼은 대기업 위주의 공채 위주로 보이기 때문에 IT 스타트업이 공고를 올려도 조회수가 거의 올라오지 않는다.

〈로켓펀치〉를 통해 채용 공고를 올리고 서류 응시자가 들어오면 이제 면접을 보아야 한다. 이 때 최대한 전공 지식을 자세히 물을 수 있는 면접 질문을 준비해야 한다. 그저 이력이 괜찮고 인상이 좋고 자세가 좋아보인다고 덜컥 뽑아버리면 나중에 후회할 수 있다.

서류상 포트폴리오나 이력같은 경우는 얼마든지 좋게 포장할 수 있다. 예를 들어 과거 프로젝트 경력이라고 올린 포트폴리오가 혼자서 한게 아니고 여러 명이 같이 해서 본인이 참여한 부분은 아주 조금인데 이력서에는 올릴 수도 있다.

포트폴리오가 멋져보여서 덜컥 채용했는데 실제로는 유사한 프로젝트를 혼자서 하지 못할 수도 있다. 이러한 경우 어쩔 수 없이 이별을 해야 하는데 그렇게 되면 직원과 대표 서로가 불편할 상황에 빠진다. 이러한 사태를 미연에 방지하기 위해 최대한 자세하게 기술적인 지식을 묻는 질문 리스트를 준비해가는게 중요하다.

그냥 "어떤 것을 할 수 있나요?" 라고 묻기보다는 해당 지식에 대한 구체적인 설명을 유도하는 질문을 해야 한다.

대표 스스로 그러한 질문 리스트를 작성할 능력이 안 되면 외부 자문을 통해서라도 면접 질문 리스트를 사전에 준비해야 한다.

영업 방법 및 사업 노하우

아직까지 대한민국에 AI 빅데이터 관련 회사가 타 업종에 비해서는 많지 않지만 고객도 단 한 개의 회사만 접촉하고 바로 계약을 맺는 경우는 매우 드물다. 최소한 2~3개의 회사와 미팅하고 계약을 맺는 경우가 대부분이다.

따라서 경쟁 회사를 제치고 프로젝트를 수주하기 위해서는 우리만의 무기가 있어야 한다.

우선 가장 확실한 무기는 추천이다.

추천을 받으면 고객 입장에서는 신뢰하고 바로 프로젝트를 주는 경우가 많다. 그래서 기존 고객들에게 확실한 신뢰감을 주어야 하는게 우선이다.

또한 고객이 아닌 다른 IT 회사 대표들과도 관계를 잘 지속해야 한다. 왜냐하면 다른 IT 회사에서 자신의 회사에서 할 수 없는 일을 요청받았을 때 우리 회사를 대신 추천해주기 때문이다.

나는 웹 & 앱 개발 회사 대표들과 자주 친분을 쌓고 있다. 그래서 우리 회사가 어려운 개발 프로젝트를 요청받으면 다른 회사를 추천해준다. 반대로 나와 친분이 있는 다른 회사에서 어려운 AI 빅데이터 분석 프로젝트를 요청받으면 우리 회사를 추천해준다. 이런 식으로 상부상조하는 것이다.

다음으로 우리가 어필하는 무기는 속도와 젊음이다.

직원 수 100명 이상 되는 데이터 관련 회사들은 프로젝트 시작전 계약, 회의 등의 사전 작업이 지나치게 길다. 또한 실제 프로젝트를 시작하게 되면 사전 작업 때에는 매번 모습을 비추었던 대표, 이사진들은 얼굴을 안보이고 아래 다른 사원들에게 일을 위임한다.

나도 사원 수 200명 정도 되는 데이터분석 전문 회사에서 연구원으로 재직한 경험이 있는데 실제 데이터분석 팀의 팀원은 7명이었다. 나머지 사원들은 영업, 마케팅, 인사, 행정, 기타 개발자들이었다.

이러한 회사들에 비해 우리 회사는 직원수가 10명도 안되지만 대표, 이사진 포함 거의 전원이 AI 빅데이터 분석에 관련한 개발자들이다. 따라서 계약 전부터 프로젝트 끝까지 데이터 분석에 능통한 인력이 함께 한다. 그렇기 때문에 의사소통도 원활하고 프로젝트도 빨리 끝낼 수 있다. 무엇보다 젊은 인력 위주로 구성되어 있기에 새로운 알고리즘에 대한 이해가 빠르고 이를 바로바로 적용한다. 프로젝트 단가도 물론 기업 규모가 큰 경쟁 회사들에 비해 저렴하다.

마지막으로 정부 과제를 통해 영업하는 방법이다.

대부분의 정부 과제는 스타트업, 중소기업들을 위한 과제들이다. 따라서 기업 규모가 큰 회사들은 지원 자격조차 되는 않는 경우가 많다. 우리 회사는 아직 규모가 작기 때문에 정부 과제를 마음껏 지원할 수 있다.

정부 과제 정보는 주로 아래 사이트 공지사항에서 얻을 수 있다.

k-스타트업 (https://www.k-startup.go.kr)

smtech (https://www.smtech.go.kr/)

정보통신산업진흥원 (https://www.nipa.kr/)

각 홈페이지별로 서로 다른 공고가 나기 때문에 3군데는 즐겨찾기에 등록해놓고 수시로 확인해보아야 한다.

만약 프로젝트를 의뢰한 기업 고객이 비용을 부담스러워한다면 정부 과제에 함께 지원해보자고 역제안할 수 있다.

데이터 바우처 사업이 대표적이다. 만약 데이터 바우처 사업에 선정되면 정부지원금으로 우리 회사는 프로젝트 비용을 충당할 수 있고 고객은 우리 회사의 서비스를 제공받을 수 있다.

지속적인 수익이 나오는 구조를 만들기 위한 방안

사업을 하게 되면 당연히 매달, 매분기 매출이 달라질 수 밖에 없다. 그래서 대표들은 매번 이번 달 매출에 일희일비 하곤 한다. 나 역시 매달 매출이 달라지기 때문에 그달 성과에 따라 기분이 달라진다. 왜냐하면 내 사업 구조상 기업 외주 용역 프로젝트가 큰 부분을 차지하기에 외주 용역이 많은 달과 그렇지 않은 달의 매출이 차이가 크기 때문이다.

하지만 그래도 어느 정도 일정 이상의 수입은 보장받고 있다. 최악의 상황이 오더라도 최소한 그 이상의 수입은 창출하는 것이다. 이 수입은 회사 매출과 관련 없이 개인적으로 내가 얻는 월수입을 의미한다.

우선 월급이 있다.

법인회사에 받는 월급은 회사의 그달 매출과 관계없이 회사가 망하지 않는 한 무조건 받게 되어있다. 동업 관계로 소속되어 있는 회사도 있고 직원으로 소속되어 있는 회사도 있다.

평소에는 월급이 차지하는 비중이 전체 내 수입에서 많지 않지만 경기가 어렵거나 매출이 안 좋아서 전체 수입이 적어지는 달에는 월급이 큰 힘이 된다.

월급은 총 두 군데의 회사로부터 매달 받고 있다.

두 군데 회사의 월급을 합치면 연봉 1억 회사원의 월급과 비슷하다. 회사가 망하지 않는 한 최소 연봉 1억 정도의 월급은 보장받기에 최악의 상황이 오더라도 생활비를 충당하는데는 문제가 없다. 평소 내 수입의 큰 부분은 차지하지 않지만 꾸준히 안정적으로 들어오는 돈이라 나에게 큰 힘이 되고 있다.

두 회사 모두에서 내 주전공인 데이터 분석을 하고 있다. 다만 회사 성격에 맞는 데이터를 주로 다루고 있다.

직원으로 소속되어 있는 회사는 원격진료 앱을 만들고 있다. 국내 최초 원격진료 앱을 출시한 회사이고 미국에서도 서비스를 런칭했다. 나는 데이터 분석 알고리즘을 활용한 의사 정보 분석, 추천, 챗봇[8]을 구현하고 있다.

동업 관계로 소속된 회사에서는 쇼핑몰에 납품하는 솔루션 제작 및 각종 외주용역 프로젝트의 데이터 파트를 맡고 있다.

---

8) 인간이 사용하는 언어를 이해해서 컴퓨터가 대화를 진행하는 프로그램이다.

다음으로는 솔루션 이용료가 있다.

기업에 데이터 분석 솔루션을 제공해주고 월 이용료를 받고 있다. 쇼핑몰들에 납품하고 있으며 온라인 쇼핑몰 내의 고객들의 행동 패턴 (클릭, 뷰, 검색 이력, 구매, 장바구니 등)을 분석하여 상품추천, 쇼핑몰 내 고객 행동 분석, 자동 A/B 테스트 기능을 제공하고 있다.

이용자들은 우리 회사의 솔루션을 이용하면 구매전환율 및 방문 체류시간을 늘릴 수 있으며 쇼핑몰 웹사이트 고객들의 주요 이용 경로 및 이탈이나 병목이 자주 발생하는 페이지를 쉽게 찾아낼 수 있다.

비슷한 기능을 가진 아마존 AWS나 구글 GA를 이용할 수도 있다. 하지만 이러한 외국산 제품들은 가격이 지나치게 비싸며 솔루션 활용 방법도 지나치게 복잡하여 따로 공부가 필요하다. 1:1 응대 및 피드백도 거의 불가능하기 때문에 저렴한 가격으로 외국산 제품들의 핵심 기능을 간편하게 이용하기 위해서는 우리 회사 제품을 써야 한다.

한 번 납품하면 도중에 해당 기업이 해지하지 않는 이상 월 이용료를 정기적으로 받을 수 있다.

기업 입장에서는 월 이용료가 크지 않아 부담도 없고 계약 기간 내 중간에 해지하면 위약금을 물기 때문에 중간에 해지하는 경우는 많이 없다. 더욱이 솔루션이 기업에 직접적으로 창출해주는 성과를 대시보드로 보여주기 때문에 대부분이 계속해서 이용한다.

내 입장에서도 처음 솔루션을 제공할 때에는 세팅 작업이 꽤 필요하지만 한 번 납품하고 나면 크게 유지보수 할 것이 없어서 편하다.

솔루션은 주로 SaaS 형태로 제작된다. SaaS는 서비스형 소프트웨어 (Software as a Service, SaaS)의 약자로 소프트웨어 및 관련 데이터는 중앙에 호스팅되고 사용자는 웹 브라우저 등의 클라이언트를 통해 접속하는 형태의 소프트웨어이다.

우리가 알고있는 대표적인 SaaS 솔루션을 제공하는 기업으로는 어도비, SAP, 오라클 등이 있다. 국내에도 〈네이버 파파고〉, 〈네이버 오피스〉, 한글과 컴퓨터의 〈넷프스 24〉 등이 SaaS 형태로 제공되고 있다.

대기업 이외에도 중소, 스타트업도 SaaS 솔루션에 진입하고 있다. 특히 최근에는 AI 빅데이터를 결합한 SaaS 솔루션이 인기를 끌고있다.

대표적으로 고급 통계 분석 및 DB 기능을 갖춘 모비젠의 〈아이리스〉, 소셜 미디어 분석 기능을 갖춘 솔트룩스의 〈데이터믹시〉, 쇼핑몰 고객 행동 패턴 분석 기능을 갖춘 빅인사이트의 〈빅인〉, 쇼핑몰 리뷰 분석 기능을 갖춘 크리마팩토리의 〈크리마리뷰〉, 자동 온라인 광고 컨텐츠 생성 기능을 갖춘 아드리엘의 〈아드리엘〉 등이 있다.

독자분들의 이해를 돕기 위해 내가 알아본 각 솔루션에 대해서 설명하면 다음과 같다.

〈아이리스〉는 매일 TB(1024GB)급 이상 되는 빅데이터가 생성되는 데이터를 저장하고 다양한 검색기능을 이용하여 필터 및 의사결정에 필요한 통계 분석을 몇 번의 클릭만으로 수행하게 해준다.

단순 통계 분석 이외에도 이상 탐지, 고장 예측 등 고급 분석도 함께 탑재하고 있다. 만약 〈아이리스〉가 없다면 이러한 작업을 위해 SQL, Python, Hive, R 등의 프로그래밍 언어에 익숙해야 한다.

숙련된 데이터 분석가가 없이도 간편하게 빅데이터를 다룰 수 있는 솔루션이라고 보면 된다. 특히, IT 시스템이나 IoT 센서로부터 정형

데이터를 비롯하여, 로그 데이터, 운용 데이터, 머신 데이터가 늘어남에 따라 이러한 대용량 지능형 통합 분석 플랫폼이 더욱 각광받고 있다. 대표적인 고객사로는 전력연구원, SKT, 일본 KDDI가 있다.

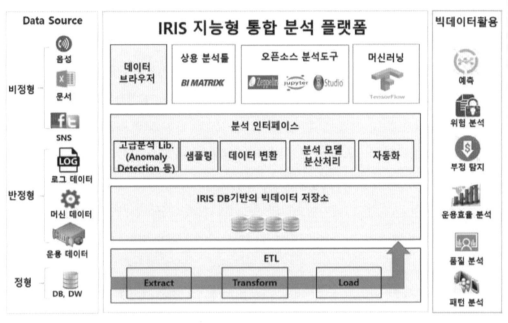

아이리스의 기능 구조도

〈데이터믹시〉는 숙련된 데이터 분석가들이 주로 하는 데이터 수집, 전처리, 데이터 모델링을 쉽고 편하게 하도록 도와준다. 특히 인지분석9) 서비스는 무료로 제공되는 약 100억 건의 소셜 데이터를 활용하여 인공지능 기술이 적용된 인지분석을 제공한다.

융합분석, 연관주제 분석, 감성 분석, 트렌드 분석, 이슈감지를 대시보드의 다양한 시각화 차트로 보여준다.

---

9) 텍스트 마이닝 기법을 활용한 분석의 일종. 감성분석, 트렌드 분석, 이슈분석, 주제 분석등을 제공.

데이터믹시 결과 화면 예시

〈빅인〉은 쇼핑몰 마케터들을 위한 솔루션으로 고객 분류와 연동, 마케팅 자동화, 맞춤형 보고서를 제공한다.

쇼핑몰 내 행동을 기반으로 고객을 분류하고 전환 가능성이 높은 타겟 고객들을 대상으로 자동으로 맞춤 메시지와 노출 상품 및 페이지를 보여준다. 또한 원하는 데이터만 추출하여 맞춤형 보고서를 주기적으로 제공해준다. 실제 여러 쇼핑몰에서 구매전환율 및 방문율이 상승한 레퍼런스가 있다.

〈크리마리뷰〉는 쇼핑몰 내의 증가하는 리뷰를 효과적으로 관리하기 위한 솔루션이다. 온라인 상품 구매시 고객들이 가장 먼저 보는 것은 리뷰이다.

하지만 이에 반해 직접 리뷰를 작성하는 작성률은 현저하게 떨어진다. 〈크리마리뷰〉는 리뷰를 작성하는 플로우를 최대한 간편하게 만들어 리뷰 작성률을 높여준다.

또한 다양한 디자인의 리뷰페이지를 제공하고 포토리뷰를 강조하는 위젯도 제공한다.

리뷰 작성시 키, 몸무게, 사이즈, 피부타입 등 추가 정보를 입력하게 하여 추가정보에 따른 리뷰 모아보기 기능도 제공한다.

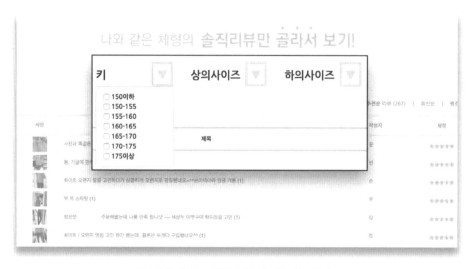

크리마리뷰 리뷰솔루션 화면 예시

〈아드리엘〉은 광고하고자 하는 웹사이트 또는 모바일 앱에 링크만 입력하면 3분만에 AI가 자동으로 해당 링크의 컨텐츠들을 분석 후 페이스북, 구글, UAC, 카카오 등 각 플랫폼에 맞게 최적의 광고 소재를 생성해준다.

또한 AI 기반 최적의 검색키워드와 집중해야할 타겟 고객까지 모두 자동으로 해준다.

광고 집행 이후 모든 채널의 광고 결과를 한 곳에서 대시보드로 비교하고 관리할 수 있다. 광고 컨텐츠 제작에 어려움을 겪는 사업자들을 위해 매우 편리한 솔루션이다.

내 회사에서도 역시 〈레코히어〉 SaaS 솔루션을 제작하여 판매하고 있다. 〈레코히어〉는 온라인 쇼핑몰에서 개인화 상품 및 쿠폰을 실시간으로 푸시해주는 기능을 제공해준다.

더불어 대시보드를 통해 쇼핑몰 현황을 실시간으로 파악할 수 있어 쇼핑몰 관리자가 실시간으로 쇼핑몰을 데이터로 바라볼 수 있게 해준다. 부가적으로 실시간 검색어, 실시간 팝업과 같은 기능도 제공해준다.

비슷한 상품 노출 솔루션

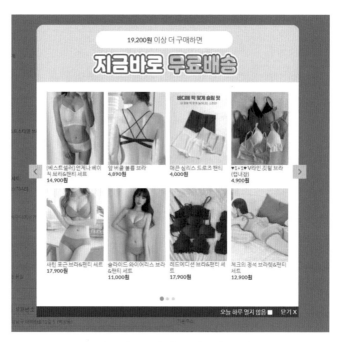

묶음 상품 할인 노출 솔루션

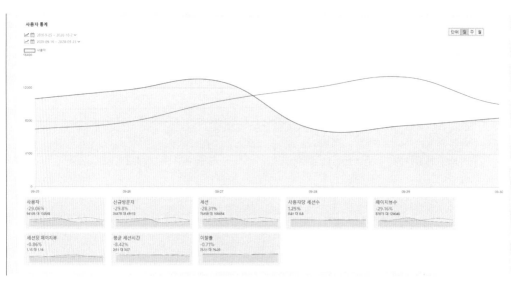

쇼핑몰 내 사용자 행동 통계 지표

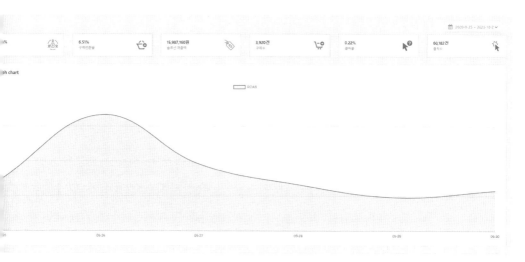

쇼핑몰 주요 지표 통계

마지막으로 인세료가 있다.

책 쓰기는 내 취미이자 평생 함께할 직업이라 생각한다. 인세료는 계약 조건에 따라 다르지만 크게 1년에 한 번, 혹은 인쇄를 할 때마다 받는다.

이렇게 한 번에 몰아서 받기에 입금받는 시기가 빈번하지는 않지만 월 평균으로 계산해보면 월 150만원 가까이는 된다. 앞으로 계속해서 책을 더 쓸 예정이라 인세료로 얻는 수입이 늘어나리라 기대한다.

이렇게 지속적인 수익을 창출하기까지 나의 신념과 노력이 뒷받침되었기에 가능했다. 나는 돈을 아무리 많이 벌어도 평생 일해서 돈을 버는 것은 결국 한계가 있고 좋은 방법이 아니라 생각했다.

예를 들어 의사는 일반 회사원에 비해 월 수입이 꽤 크다. 하지만 노동시간을 따져보면 의사가 일반 회사원에 비해 훨씬 많기 때문에 내가 생각하기에 의사는 좋은 직업이 아니다. 의사보다 더 적은 돈을 벌더라도 일은 적게 하거나 극단적으로 아예 안 해도 돈이 들어오는 시스템을 만드는 것이 내 목적이다.

가령 주 100시간 일하고 월 2,000만원 버는 것과 주 5시간 일하고 월 300만원 버는 것 중 선택하라고 하면 나는 후자를 택할 것이다.

나의 신념이 이랬기에 기업 고객들과 계약에 대해 논의하면 나는 계약 조건이 항상 내 신념과 부합하도록 유도하였다.

가령 대부분의 외주 용역은 1회성으로 프로젝트 비용을 치루고 프로젝트를 마치는데 그 대신에 내가 고용 관계로 사원으로 들어가 월급을 받거나 또는 프로젝트 비용을 좀 적게 받더라도 지분을 받기를 요구했다. 또는 프로젝트 결과물의 성과에 따라 비례해서 인센티브를 요구하기도 하였다.

물론 내가 이러한 요구를 해도 받아들여지지 않는 경우도 많다. 그러면 그냥 통상적인 계약 조건으로 계약을 맺으면 된다. 하지만 최소한 이러한 요구를 시도해보면 그중 몇몇 기업은 내 요구를 받아들여준다.

그러면 이 계약 자체가 지속적인 수익을 창출할 수 있는 하나의 시스템이 되는 것이다. 시스템이 없어지지 않는 이상 나는 지속적으로 수익을 창출할 수 있는 강력한 무기가 생기는 것이다. 즉 회사가 망하지 않는 이상 지속적인 수익 창출이 가능해 지는 것이다.

이 시스템으로 얻는 수익이 내 생활비보다 많아지면 그 때부터는 돈 때문에 불안해하거나 조급해하지 않아도 된다. 경제적 자유를 얻는 것이다.

6장

프로젝트 Case Study

6장.
프로젝트 Case Study

가장 큰 프로젝트

내가 여태까지 수행했던 프로젝트 중 가장 큰 프로젝트는 데이터 바우처 사업이다. 데이터 바우처 사업은 이전 장에서도 밝혔듯이 데이터를 이용해 사업을 하려는 수요기업이 외주용역사에 제공해야 하는 서비스 비용을 정부가 대신 지불해주는 방식이다.

우리 회사는 수요 기업에 서비스를 제공해주는 공급기업으로 참여를 했고 서비스 비용을 정부를 통해 대신 받았었다.

공수는 5개월에 4,500~7,000만원 상당이었다. 한 업체당 이 정도 공수이기에 여러 개를 동시에 데이터 바우처 사업으로 하면 그 만큼 비례해서 매출이 늘어난다. 작년에는 5개를 했었고 올해는 10개를 하고 있다.

데이터 바우처 사업이 일반 외주 용역 프로젝트와 다른 점은 정부에서 비용을 대주기 때문에 기관에 제출할 서류가 많다는 것이다. 우선 데이터 바우처 사업의 공급기업이 되기 위해서는 공급기업 선정이 되기 위한 심사를 통과해야 한다. 기관에서 요구하는 기업정보 증빙자료와 소개자료, 신청서를 꼼꼼히 작성하고 신청하면 심사 후 공급기업으로 선정될 수 있다.

이후에는 데이터 바우처 사업에 지원을 하기 위해서 매칭할 수요 기업을 찾아나서야 한다. 각 수요 기업 대표들과 미팅 후 함께 데이터 바우처 사업에 지원하자고 합의하면 사업계획서, 발표자료를 꼼꼼히 작성해서 신청을 한다.

보통 경쟁률은 3:1~5:1 정도 되기에 이때 최대한 많이 수요 기업을 모집해서 신청해야 한다.

발표 이후 심사까지는 대략 1개월 정도 걸린다. 최종 선정이 되면 협약을 맺고 선금 70%를 받은 후 본격적으로 작업이 시작된다. 일반적인 외주 용역의 경우는 계약 후 바로 작업을 할 수 있는데 데이터 바우처 사업은 작업 전 부수적인 문서 작업들이 대단히 많다. 그래서 문서작성이 능한 팀원이 반드시 필요하다.

본격적인 데이터 작업이 시작되면 일반 외주 용역과 비슷하다. 수요 기업에서 원하는 결과 또는 모델을 생성하기 위해 AI 빅데이터 분석을 수행한다. 일정 계획을 짜고 일정에 맞추어 매일매일 작업을 하면 되는 것이다.

하지만 작업이 막바지에 이를 무렵이 되면 일반 외주용역과는 다른 작업이 또 생긴다. 일반 외주 용역은 작업을 마치고 나면 검수를 의뢰한 기업 담당자에게 받는다. 그리고 결과가 문제 없으면 잔금을 받고 프로젝트를 마치게 된다.

데이터 바우처로 용역을 제공한 업체(요트 탈래)

그러나 데이터 바우처 사업의 경우 수요 기업 담당자에게 검수를 받고 정부기관으로부터 감리를 또 받는다.

감리 기간에는 정부기관 담당자가 2~3일 회사에 상주하며 일일이 체크를 한다. 그래서 감리 기간에는 전 직원이 항시 담당자의 질의에 응답할 준비를 하고 있어야 한다.

감리를 받고 기관에 최종 보고서를 제출하면 잔금 30%를 받은 후 평가 등급을 받는다. 이때 등급이 좋지 않으면 다음 년도 바우처 사업에 지원할 수 있는 기회를 박탈당한다. 그래서 나쁜 등급을 받지 않도록 보고서 작업에 심혈을 기울일 수 밖에 없다.

이처럼 데이터 바우처 사업은 실제 데이터 작업보다 정부 기관에 보고하기 위한 부수적인 문서 작업이 더 많다. 순수 작업량으로 따지면 4:6정도 되는 것 같다.

그래서 문서작업에 능숙한 팀원이 무엇보다 절실히 필요하다. 그리고 단순 문서작업이 아니라 데이터에 대한 이해가 어느 정도 있어야 이를 바탕으로 문서 작업이 가능하다. 즉 데이터에 대한 이해력과 문서 작업에 능한 팀원이 있어야 한다.

다행히 우리 회사에는 이러한 팀원이 2명 있어서 무사히 바우처 사업을 마칠 수 있었다. 역량이 부족한 다른 회사 같은 경우는 회사 전 직원이 달라붙어서 감리 및 보고서 작업을 하거나 도중에 포기를 하기도 하였다. 이런 점에서 좋은 팀원을 만난 나는 운이 좋은 편이다.

가장 흔한 프로젝트

가장 흔한 프로젝트는 단순 기업 외주 용역이다. 특히 나는 추천시스템 제작 관련해서 많이 공부도 했고 프로젝트 경험도 많아서 추천 시스템 제작 관련한 프로젝트가 많이 들어온다.

추천 시스템은 간단히 말하면 특정 사용자가 관심을 가질만한 정보를 추천해주는 것이다. 쇼핑몰이면 개인별 상품을 추천해주고 신문사라면 개인별 기사를 추천해준다. 개인별 맞춤형 쿠폰, 마케팅 문자 발송도 다 추천시스템과 관련되어 있다.

프로젝트 문의는 보통 자사 홈페이지 또는 IT 외주 플랫폼을 통해서 받는다. 또는 이전에 프로젝트를 같이 했었던 회사가 다른 회사에게 소개를 해주어서 연락이 오기도 하고 최근에는 내가 쓴 책을 보고 연락이 오기도 하였다.

이런 식으로 프로젝트 문의를 메일 또는 전화로 받은 후 대면 미팅을 하는게 일반적이다. 아무래도 단가가 1,000만원 이상이 대부분이라

고객들은 대면 미팅 이후 확신을 가진 후 계약을 맺으려 한다.

작은 스타트업이나 중소기업의 경우는 고객기업 대표와 미팅을 가진 후 컨펌이 나면 바로 프로젝트를 시작하는 경우가 많다. 하지만 어느 정도 규모가 있는 중견기업이나 대기업의 경우 사전 미팅을 대표와 직접 하는게 아니라 실무자와 하는 것이기 때문에 실무자가 컨펌을 해도 최종적으로 대표가 컨펌을 할 때까지 기다려야 한다.

그래서 대표를 설득하기 위한 pilot 테스트 분석을 미리 요구하는 경우가 있다. 말이 pilot 테스트 분석이지 실제로 거의 작업을 하는 수준을 요구하는 곳이 많다. 그래서 과도한 pilot 테스트 분석을 요구하는 곳은 기회비용을 생각해서 일정 수준의 pilot 테스트 분석까지만 해주겠다고 과감히 말해야 한다.

프로젝트를 하기로 하고 계약을 맺으면 선금을 받고 일을 시작한다. 정부기관의 경우 대부분 선금이 70%이지만 민간 기업과 프로젝트를 할 때에는 대부분 50%를 받고 시작 하는게 일반적이다.

단가는 프로젝트마다 다르지만 우리 회사의 경우 1달 공수기준 1,000만원 이상은 받고 한다.

공수 계산을 할 때에 투입되는 인력의 인건비 기준으로 하는데 고급 개발자의 경우 1개월에 600만원, 중급 개발자의 경우 1개월에 350만원, 초급 개발자의 경우 1개월에 220만원으로 책정한다.

만약 특정 프로젝트를 완수하려면 3개월이 필요한데 고급개발자, 중급개발자, 초급개발자 각각 1명씩 50%의 투입 비율로 참여한다면 (600 + 350 + 220) X 3 X 0.5 = 1,755만원으로 견적이 책정되는 것이다.

표로 정리하면 아래와 같다.

실제 견적서를 제출 할 때에도 아래와 같이 표로 정리 하는게 깔끔하고 보기 좋다.

항목					
	Performance	Period	Price	Input rate	Per-sons
투입 인력	프로젝트 기획 및 PM, 고급 데이터 분석	3 months	₩6,000,000/M	0.5	1명
	중급 데이터 분석가	3 months	₩3,500,000/M	0.5	1명
	초급 개발자	3 months	₩2,200,000/M	0.5	1명

개발자별 등급은 고급 개발자는 박사학위를 소지하고 있거나 학부 졸업 후 7년 이상의 경력이 있는 자, 중급 개발자는 석사 학위를 소지하고 있거나 학부 졸업 후 2년 이상의 경력이 있는 자, 초급 개발자는 학부 졸업한 자로 구분한다.

또한 투입 비율이란 전체 근무시간 중 해당 프로젝트에 참여할 수 있는 시간을 의미한다.

3개월 동안 내내 한 프로젝트만을 할 수는 없고 다른 프로젝트를 겸해서 해야 하기 때문이다. 그래서 근무 시간 하루 8시간 중 4시간 정도 해당 프로젝트에 투여할 수 있다고 하면 투입 비율이 50%인 것이다.

프로젝트를 시작하면 처음에 일정 계획을 대략적으로 세우고 매일매일 일정 안의 task를 수행하면 된다.

계약 기간이 1달이 넘어가는 프로젝트의 경우 보통 중간 미팅을 한다. 중간에 대면 미팅을 통해 여태까지 진행된 상황을 공유하고 혹시 잘못된 점이 있으면 바로 잡는다.

대부분 프로젝트를 의뢰하는 상대방 기업은 AI나 빅데이터에 대한 이해가 거의 전무하다. 그렇기 때문에 자체적으로 수행하지 못하고 우리 회사에 맡기는 것이다. 그래서 프로젝트 진행이나 미팅도 주도적으로 하면 된다.

추천 시스템을 제공한 쇼핑몰(러블랭)

전체적인 프로젝트의 목적이나 필요한 모듈들은 고객사에서 처음에 정해주지만 그 안에 필요한 모델, 알고리즘, 화면 기획 등은 우리 회사가 주도적으로 해주어야 한다. 특히 추천 시스템의 경우는 많은 경험이 있기에 비슷한 프로젝트 의뢰가 들어오면 거의 기계적으로 바로바로 프로젝트를 진행하곤 한다.

아무튼 작업이 끝나면 검수를 받고 잔금을 받고 프로젝트가 끝난다. 간혹 프로젝트가 다 끝났는데 뒤늦게 수정 보완을 요구하는 고객이 있다.

만약 계약서에, 프로젝트 완료 후 무상 A/S 기간을 명시하지 않았을 시 엄격히 계약서 잣대를 내밀면 검수가 이미 끝났기에 추가 수정비용을 요구할 수 있기는 하지만 간단한 수정의 경우는 대개 무상으로 해준다.

프로젝트가 끝났어도 고객과 좋은 관계를 유지해야 이후에 다른 회사를 소개받거나 다른 프로젝트를 또 받을 수 있다.

가장 힘들었던 프로젝트

AI 빅데이터 분야는 학문 특성상 광범위한 범위를 포괄한다. 그래서 세부적인 연구 분야를 파고들면 그 수가 엄청 많아진다.

예를 들어 영상 분석, 이미지 분석, 텍스트 분석, 센서 데이터 분석, 이상 탐지, 추천 시스템, 프로세스 마이닝 등 내가 조금 공부해본 분야만 해도 그 범위가 방대하다. 각 세부 연구 분야도 또 한 차례 파고 들면 더욱 세분화된 분야로 나뉠 수 있다.

따라서 프로젝트 의뢰가 어느 분야로 들어올지 예상할 수 없다. 물론 내 회사는 전문 분야로 텍스트 분석과 추천시스템을 내세우기 때문에 해당 분야 프로젝트 문의가 주로 들어온다. 하지만 그 이외의 프로젝트 문의도 종종 들어온다.

나도 내가 자주 해보지 않은 분야는 기초적인 수준만 할 수 있기 때문에 프로젝트 문의가 들어오면 해당 프로젝트에 관한 논문을 빠르게 읽고 가능 여부를 판단한 다음에 프로젝트 가능 여부를 판단한다. 하지만 간혹 가다가 사전의 가능 여부 판단이 잘못되어 프로젝트가 힘들어질 수도 있다.

예전에 이미지분석 관련해서 프로젝트 문의가 들어왔었다. 휴대폰 액정의 파손 여부와 파손 위치, 파손 클래스(ex: 찍힘, 긁힘, 깨짐 등), 파손 정도를 AI가 판별하고 이에 따라 자동으로 중고 휴대폰 가격의 감가상각를 제시해주는 프로젝트였다.

이미지분석은 깊게 공부하지 않은 분야였지만 이 정도 수준은 논문을 통해 충분히 많이 본 내용이라 바로 가능하다고 말하고 프로젝트를 시작하였다. 실제 유사한 코드를 작성해보지는 않았지만 별 문제 없을 거라 생각했었다.

그래서 고객 만족을 위해 프로젝트 기간도 짧게 잡았고 견적도 크지 않게 잡았다.

프로젝트 기간은 6주, 견적은 1천만원 초반으로 제안하였다. 고객은 이에 매우 만족하여 바로 계약서를 쓰고 선금 50%를 받고 시작하였다.

문제는 다음에 발생했는데 실제 코드를 작성해서 실험을 해보았는데 논문에서만큼의 정확도가 나오지 않았다. 정확도가 너무 형편 없어서 실제 상용화에 전혀 쓰지 못할 정도였다. 이미 시간이 꽤 흐른 상태였고 선금까지 받았고 상용화 출시 일정도 다가오고 있어서 촉박한 마음이 자꾸 들었다. 마감 일정이 다가올수록 불안했다.

몇 번이고 실험을 해보아도 정확도가 형편없었다. 잠을 잘 때도 걱정이 들었다. 아침에 일어나서 다른 일은 안하고 하루 종일 이 프로젝트만 매달렸다.

예상보다 이 프로젝트에 할애하는 시간이 훨씬 늘어났다. 그제서야 견적을 낮게 잡은 것을 후회했지만 이미 계약을 체결한 후라 어쩔 수 없었다.

결국 고객에게 사정을 해서 마감 일정을 2주 미루고 실험에 실험을 거듭한 이후에야 겨우 높은 정확도를 보이는 모델을 생성하고 프로젝트를 마칠 수 있었다. 다행히 프로젝트를 마치고 고객도 별 말 없이 만족해했지만 개인적으로 힘들었던 기억으로 남는다.

혹시나 정확도가 잘 나오지 않을까 조마조마하며 거듭 실험을 했기에 마음고생이 심하였고 만약 프로젝트가 실패로 끝나면 고객이 상용화 출시 일정에 지장을 받을 수도 있기에 더욱 부담감이 컸었다. 견적도 크지 않았기에 쏟아부은 시간과 그동안 다른 일을 하지 못한 기회비용을 생각하면 오히려 손해였다.

이 일을 계기로 프로젝트를 새로 받을 때 직접 코딩을 작성해보지 않은 분야는 최대한 공수 기간을 여유 있게 잡던가 프로젝트 시작 전에 pilot 테스트 일환으로 샘플 데이터로 조금이라도 코드를 작성해본 다음에 시작하게 되었다. 그리고 웬만하면 내가 많이 프로젝트를 수행했던 경험이 있는 분야를 우선 순위로 잡고 프로젝트를 받았다.

실패 사례 프로젝트

회사를 운영하는 입장이기에 최대한 성공 사례만을 포장해서 보이고 싶다. 홈페이지에도 그동안 성공했던 프로젝트 사례와 이에 해당하는 추천사를 멋지게 달아놓았다.

하지만 사람인지라 실수, 실패도 할 수 있다. 부끄럽지만 나도 프로젝트를 하면서 몇 번 프로젝트를 실패한 적이 있다. 대부분은 고객과의 커뮤니케이션 미스에서 비롯되었다. 처음에 작업을 시작하기 전에 의논했던 사항에 대한 이해가 다른 것이다.

고객이 요구한 사항과 내가 이해한 사항이 달라서 프로젝트 결과 산출물을 받고 나서 클레임이 들어온 경우가 대부분이다. 대개 견적이 큰 프로젝트보다 견적이 작은 프로젝트에서 이러한 일이 발생하였다.

견적 1천만원 이상인 프로젝트는 사전에 기획 문서를 꼼꼼히 작성 후 검토한 다음에 계약서에 공수사항을 명확히 적고 시작한다. 그렇기 때문에 고객과 미스 커뮤니케이션이 발생할 수가 없다.

그런데 견적이 500만원 이하인 프로젝트들은 대부분 이러한 과정을 생략한다.

공수기간이 1개월 미만인 금방 끝나는 프로젝트라 쉽게 생각하고 구두로 프로젝트 작업 내용을 상의 후 간단히 계약서를 작성하거나 심지어 계약서를 작성하지도 않고 프로젝트를 개시하기도 한다.

더욱 문제는 공수기간이 짧아서 이러한 프로젝트는 중간 미팅을 생략하는 경우도 많다.

고객도 별로 크게 생각 안 해서 중간 미팅을 먼저 하지 말자고 하고 중간 중간에 피드백을 받으려고 보내주는 중간 산출물도 읽지 않는다. 그러다가 최종 산출물을 받으면 본인이 원하는 결과는 이게 아니었다고 하던가 추가 수정을 요구하는데 추가 수정을 요구하는 부분이 너무 많아서 힘들 때가 종종 있다.

  대부분 이러한 케이스는 나이가 중년 이상인 고객과의 관계에서 자주 발생하였다. 아무래도 젊은 분들보다는 IT에 대한 이해가 떨어져서 사전 미팅에서 협의가 원활하지 않았고 기획 문서, 중간 미팅, 중간보고서 등을 귀찮게 여기고 하지 않는 분들이 많았기 때문이다.

  계약서 쓰는 것 자체를 귀찮게 여기는 분들도 많았다. 그래서 계약서를 쓰자고 하면 그냥 구두로 하자고 하거나 나보고 쓰라고 하고 대충 읽고 도장을 찍기도 하였다.

  나중에 분쟁이 발생하면 내 입장에서는 고객 만족을 위해 최대한 요구를 들어주면서 다시 해주는 방법밖에 없었다. 물론 그 정도가 너무 지나치면 더 이상 못해준다고 말할 수밖에 없었다.

  이 경우 비교적 소액이고 문서상 증빙할 수 있는게 거의 없기 때문에 법적 분쟁까지는 가지 않는다. 그러나 소중한 고객 한 명을 잃는다는 점에서 분명히 나에게도 손실이다.

  최근에는 이러한 일들을 미연에 방지하기 위해 소액 프로젝트는 되도록 받지 않는다. 또한 만약 소액 프로젝트를 하게 되면 고객이 IT에 대한 이해도가 어느 정도 있어서 의사소통이 원활해야 진행한다.

  계약서에도 작업 공수에 대해서 항목별로 구체적으로 명시하고 사전에 협의한 내용도 구두로 하였다고 하더라도 그 이후 메일 또는 카카오톡으로 다시 한 번 확인하여 최대한 문서로 남겼다. 구두로 협의한 것은 녹음을 하지 않으면 나중에 서로 다른 말을 해도 증빙할 수가 없기 때문이다.

이렇게 문서로 다 남기면 혹시 나중에 고객이 다른 요구를 하거나 프로젝트 결과물이 자신이 원하는게 아니였다고 말해도 문서를 제시하면 별 말이 없어진다.

7장

빅데이터를 활용한 창업 아이템

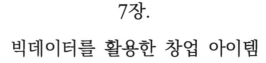

7장.
빅데이터를 활용한 창업 아이템

창업 동향과 이슈

중소벤처기업부 「창업기업 동향」에 최근 4년간 창업기업 통계는 아래와 같다.

		2016 ▲▼=	2017 ▲▼=	2018 ▲▼=	2019 ▲▼=
창업기업	전체기업	1,190,177	1,256,267	1,344,366	1,285,2
	법인기업	96,625	97,549	102,372	109,9
	개인기업	1,093,552	1,158,718	1,241,994	1,175,7
기술기반업종 창업기업	전체기업	190,674	198,911	212,237	220,0
	법인기업	37,102	37,652	39,901	41,0
	개인기업	153,572	161,259	172,336	179,0

단위 만개

매년 1백만 개가 넘는 기업이 창업되고 있는데 특히 기술기반업종 창업기업은 매년 증가하고 있는 것을 확인할 수 있다.

중소벤처기업부가 발표한 '창업기업 동향'으로 2019년 8월 기준 전년도 동월 대비 상세히 살펴보면 다음과 같다. 정보통신업(ICT 등)과 전문·과학·기술서비스업(연구개발업 등)을 비롯한 지식기반 서비스업은 증가했다. 청년층들의 정보통신업(ICT 등)과 전문·과학·기술서비스업(연구개발업 등)을 비롯한 지식기반 서비스업 창업이 대폭 상승했다.

중장년층에 비해서 상대적으로 자본금이 적을 수 밖에 없는 청년층들의 창업 비율 증가는 기술을 기반으로 한 창업의 적은 자본금과 각종 정부 지원정책으로 인한 비용 충당 가능에 기반한 것으로 보인다. 또한 인스타그램, 유튜브 등 미국 실리콘밸리 출신 유수 IT 기업들이 대기업에 초대박을 터뜨리며 매각된 사례들을 보며 꿈을 키운 결과이기도 하다.

포털업체도 빅데이터 분야에 관심을 갖고 투자를 하고 있다.

네이버와 카카오는 스타트업에 70여곳에 투자했다. 네이버는 32개 회사에 투자했고 카카오는 36개 회사에 투자했다. 이런 사실은 빅데이터가 성장하는 산업이고 유망 산업임을 증명한다.

정부는 '비대면 분야 창업기업 육성 사업'에 140개 기업을 선발하고 예비창업페키지 기업 540개 사를 지원하는데 빅데이터도 비대면 분야에 해당되므로 큰 기회가 될 수 있다. 또한 유망 스타트업 200개사를 선정하여 1억5000만원의 현금을 지원할 계획이므로 이를 적절히 활용하면 큰 도움을 받을 수 있다.

빅데이터 비즈니스모델은 크게 개인 맞춤형, 빅데이터를 활용한 어플, 중소기업 대상으로 클라우드 서비스. 3가지로 나눌 수 있다.

개인 맞춤형은 온라인 사업과 관련한 사이트에 개인마다 최적화된 정보나 추천 상품을 안내하는 것이다.

빅데이터 기반 앱은 교육, 가정, 의식주, 법률 관련 등 여러 분야에서 활용 가능하다.

클라우드 서비스는 예산 문제로 빅데이터를 활용하기 어려운 중소기업을 대상으로 서버에 솔루션을 두고 서비스를 제공하면 소비자가 적은 비용으로 이용할 수 있게 하는 사업이다.

공공 빅데이터 활용하여 창업 아이템 찾기

공개된 빅데이터를 활용하여 트렌드를 분석하여 창업 아이템을 찾는 방법을 알려드리겠다.

예를 들어 2020년 서울시에서 발표한 '서울시민 47가지 라이프스타일'을 보면 어떤 업종과 아이템을 선정해야 성공 가능성이 있는지 알 수 있다.

🧍 혼자	🧑‍🤝‍🧑 함께		🛋 정주	🚕 유동
반려동물 집사	반려동물 산책	가사생활	배달음식 플레이팅	반려동물 나들이
1인분 배달	우리 아이 등원		빨래 타임	옆동네 티타임
나홀로 산후조리	육아휴식 티타임			
카페 혼공	퇴근길 원데이클래스	자기계발	동네 스터디 카페	학원 노마드
인터넷 강의	취준 스터디 모임		나만의 창작 글쓰기	우리 아이 학원 라이딩
랜선 스터디 모임	취향 공유 클럽			토크콘서트
홈트레이닝	퇴근길 러닝크루	건강관리	새벽 피트니스	모든 곳이 내 헬스장
데일리 운동 챌린지	라이딩 클럽			따릉이 한강 라이딩
혼카페	카페 데이트	맛집나들이	동네 외식	커피 메뉴 투어
먹방 대리만족	주중 브런치 모임		동네 카페 나들이	빵 투어
에어프라이어 레시피				
혼전시(나홀로 전시관람)	가족 놀이 데이	여가생활	퇴근길 PC방	공연 노마드
혼공연(나홀로 공연관람)	일상 속 페스티벌		내 공간 내 콘텐츠	전시 노마드
콘맥(콘텐츠+맥주)			노포에서의 술한잔	

서울시민 47가지 라이프스타일

위 도표를 분석해보면 SNS 상에 나타난 서울시민의 5대 관심사는 가사 생활, 자기계발, 건강 관리, 맛집 나들이, 여가 생활이다.

가사 생활에서 혼자 사는 경우나 함께 사는 경우 구분 없이 반려동물과 관련된 라이프스타일을 갖는다.

여기서 창업 아이템 방향이 나온다.

반려동물 빅데이터를 활용하여 앱을 만들면 성공 가능성이 있는 것이다. 반려동물을 아이템으로 접근하는 세부내용은 여러 가지가 있다.

- 동물병원 정보, 애견호텔 현황
- 반려동물 건강체크앱
- 반려견 트레이닝
- 악세사리샵 정보, 애견미용샵
- 사료개발이나 정보
- 반려견 놀이터정보
- 유기동물 보호소 현황, 유기견등록 검색
- 애견캠핑장, 애견동반식당 현황
- 반려견 이름짓기

이 중에서 어떤 메뉴를 선택할 것인가는 더 깊은 자료와 개인의 취향에 따라 결정하면 된다.

소비자 니즈(needs) 또한 빅데이터로 파악할 수 있다.

미국의 반려동물 프랜차이즈 〈캠프 바우와우(Camp Bow Wow)〉처럼 반려견과 관련된 1,500만개 트랜잭션을 빅데이터로 분석해 주인이 원하는 것이나 반려동물에게 필요한 물건을 파악할 수 있다.

또 다른 아이템을 발굴해 보자.

도표에서 4번째 맛집나들이 항목을 보면 4가지 항목에서 가장 많이 나타나는 단어는 '카페'이다. 그렇다면 카페 관련 서비스를 만들면 성공 가능성이 있는 것이다.

소비자 입장에서 필요한 주요 컨텐츠를 생각해 보면 다음과 같다.

- 혼자 가기 좋은 카페
- 데이트 카페 정보
- 카페 메뉴
- 동네 카페정보
- 카페 트랜드 분석

카페 경영자가 필요한 컨텐츠도 만들 수 있다.

먼저 창업할 때 매장의 위치를 분석하여 알려줄 수 있다. 주변 경쟁 매장과 새로운 매장 위치와의 관계를 파악하여 성공 가능성을 진단한다. **이 때 필요한 요소는 주택 형태, 인구 통계학적 분석, 다른 카페와의 거리, 라이프스타일 등 다양한 요인을 고려한다.**

리워드(보상) 프로그램 수집으로 커피 판매 예측을 할 수 있고 고객이 마지막으로 주문한 제품 등을 분석하여 고객의 선호도를 조사하고 추천 음료를 알려준다. 이 때 조금 더 비싼 제품을 추천하거나 제품추가도 제안하여 매출을 올리는 방법이 있다.

카페 직원들을 효율적으로 관리하기 위해 근무 시간 계획, 직원 경험, 교대 등에 활용할 수 있다.

이러한 빅데이터 정보들은 빅데이터캠퍼스(https://bigdata.seoul.go.kr/main.do)에서 다양한 정보들을 무료로 얻을 수 있다.

공공데이터 활용 창업 경진대회

또 다른 방법으로 빅데이터 창업 트랜드를 알아보려면 공공데이터활용 창업경진대회 수상작을 통해 어떤 것이 선택되는지 알 수 있다.

2019년 〈범정부 공공데이터 활용 창업 경진대회 수상작〉을 보며 분석해 보자.

수상명	서비스명	서비스 소개	활용 공공데이터(기관)
대상	모세관 바이오칩 치매 진단 키트	혈액을 활용하여 치매 발병 가능성 및 치매 진행 정도 판별 키트	치매질병 통계, 치매 환자 청구 데이터(심평원) 등
최우수상	스마트한 해외 출장 프로출장러	개인 맞춤화된 비즈니스 정보 큐레이션, 호텔, 숙박, 통역 등의 서비스 중개, 출장 계획 및 정산 관리 서비스 제공	해외뉴스, 국가정보, 상품DB(대한무역투자진흥공사)
우수상	데이터 기반 홈인스펙션 플랫폼, 마이홈탐정	부동산 매수자가 매물의 정확한 상태 정보를 확인할 수 있도록 사전 하자점검 서비스를 제공하는 부동산 안전거래 플랫폼	주택거래현황, 실거래가격지수, 전·월세가격지수, 전국주택가격동향(한국감정원)
우수상	공공기관 분야별 사고사례 전파앱	공공기관 분야별 사고사례 및 감사 지적사항 등을 공유하여 문제점 사전 예방을 위한 서비스 앱	감사정보(감사원, 전남, 경기도)
장려상	SO2(황산화물) 모니	주요 항만도시에 입출항하는 선박의 정보를 활용하여 선박	해양항만정보, 선박입출항 정보(해

	터링을 통한 Clean 항만 구축	에서 배출되는 대기 오염물질 모니터링 및 배출정보 제공 서비스	수부), GPS실시간 데이터(국립해양 측위정보원)

분석 요약

- **사회적으로 이슈로 떠오르는 치매, 여행, 부동산, 환경 분야가 중요하게 인식되고 있다.**
  세부적으로 들어가서 시장성과 공공성을 적절히 조화하면 이용율도 높아지므로 사회적 이슈에 항상 관심을 가져야 한다.

- **세분화된 서비스를 제공하는 추세이다.**
  해외 여행 중에서 출장, 이라는 키워드를 세분화하여 글로벌 비즈니스 추세에 맞추어 기획했고 부동산 정보 중에서 사전 하자 점검 부분을 특화시켰다.

- 사건, 사고가 항상 일어나기에 미리 대비하려는 안전 분야는 기본 요구 중 하나로 필수적인 분야라 할 수 있다.

제 5회 '공공데이터 활용 창업 경진대회' 아이디어 기획 부문 대상은 **항만 근로자 위한 선박 작업 정보 통합 플랫폼**이다.
이것을 힌트로 전국의 근로자별로 세분화하면 수많은 근로유형이 나오는데 각 부문별로 이러한 서비스와 비슷한 플랫폼을 만들 수 있다.
제품 및 서비스 개발 부문 대상은 **전국 산업단지 내 기계업체 온라인 플랫폼**이 받았다. 전국 기계업체 수가 수만개 되므로 시장성은 충분히 있다.

다른 예를 들면 '대구디지털산업진흥원 공공데이터 활용 창업경진대회 최우수상'은 '**인공지능 맞춤지원사업 추천 서비스**'이다.

이 서비스는 정부지원사업에 대한 정보를 쉽게 검색, 지원할 수 있는 서비스다. 주요 메뉴는 신규 지원사업, 지역 및 분야 필터 검색, 정책 관련 정보연계 등을 제공하는 종합 챗봇서비스이다.

이 책의 주제가 비즈니스이기에 이 책의 독자들도 바로 정부지원 사업 정보는 필요한 서비스인 것이다.

아이디어 기획부문 우수상에는 '**대구시 노인복지지원 웹서비스**'가 선정되었다. 앞으로 더욱 더 고령화 사회로 가는 추세이기에 노인관련 비즈니스는 꼭 필요하고 각광받는 분야이다.

주요 제공 서비스로는 양로원 요양원 정보, 노인 건강 정보, 실버보장구, 실버타운, 실버데이트 등 세분화하면 무궁무진하다.

여기에 덧붙여 인구변화에 따른 라이프스타일 변화에도 주목해야 한다. 1인 가구가 늘어나는 추세이므로 1인가구에 관한 아이템을 선정하면 사용자가 많다.

또한 세대로서 두각을 나타내지 못했던 5060 세대가 새롭게 주목받고 있다. 그동안 청년도 아니고 노인도 아니고 낀세대처럼 소비자 시장에서 역할을 못했는데 제 2의 인생을 살려고 하고 여가도 즐기는 세대로 새로운 소비층으로 떠오르고 있다.

이들을 타겟으로 하는 아이템으로 재취업, 은퇴시장, 부동산재테크, 시골 빈집, 귀농 정보, 해외여행, 1달 살기 등을 생각해 볼 수 있다.

제품 및 서비스 개발 부문 우수상에 **개인 맞춤형 복지 알리미 앱** '모르면 손해보는 지원'이, 장려상에는 블록체인 기술과 방송콘텐츠 데이터를 이용해 시세차트를 보며 **주식처럼 거래하는 브랜드 가방 거래** **서비스인 '리셀그라운드'**가 선정됐다.

과거 수상작으로는 교통약자 이동권 보장 및 생활권 확대를 위한 모바일 플랫폼 서비스인 '플랫(FLAT)', **세계 낚시인들의 커뮤니티와 온** **라인 낚시대회 어플**인 'Fishing TAG'이 있다.

세계 낚시인 커뮤니티는 취미를 활용했다는 것도 의미가 있고 국내에만 국한한 것이 아니라 세계로 넓힌 것이 포인트이다. 여기서 배울 수 있는 점은 바로 세계를 무대로 아이템을 넓게 잡아야 발전 가능성이 높아진다는 것이다.

2019 제주 공공데이터 활용 창업 경진대회 대상

아이디어 기획 부문 – '제주(Jeju)넘기' 어플리케이션이다.10)
제주도를 혼자 여행하는 사람들의 등산을 위한 서비스를 제공한다. 주요 서비스는 그날의 등산 위험 수준을 알려주는 '안전 알림 서비스', 주요 메뉴로는 제주도에서 등산을 하고 싶지만 혼자 등산하는 것에 두려움을 느끼거나 누군가와 함께 등산하고 싶은 사람들을 위한 '등산팟 서비스', 제주도의 경치를 보면서 걷고 싶지만 어디를 걷는 것이 좋을지 고민인 사람들을 위한 '추천 코스 제안 서비스', 가고자 하는 방향이 같은 사람들끼리 묶어 보다 저렴한 가격에 택시를 탈 수 있는 '콜택

---

10) [출처] https://blog.naver.com/good7101910/221587937522

시 합승 서비스'가 있다.

농림축산식품 공공데이터 활용 창업경진대회

최우수상 - '숲해설가 녹음시스템 아이디어'11)

전국 등산로 및 산책로의 정보를 활용하여 숲 해설 정보(식물 분류, 숲 및 생태 관련 전문지식), 설화 및 민화, 등산로의 코스 정보 등을 위치정보 GIS를 기반으로 음성, 문자, 동영상 등 다양한 방식으로 제공하여 숲에 대한 접근성 높일 수 있는 앱 서비스이다.

아래 사이트에 가면 역대 수상작을 볼 수 있다.

http://www.startupidea.kr/award/

다운로드 숫자가 많은 공공데이터를 활용하라12)

교통사고 통계 도로

상가(상권) 정보

기상청_단기예보(월간)

기상청_초단기실황(월간)

중기예보자료(일간)

제주도 유동인구 현황(관광객)

산국산업단지공단_전국산업단지현황통계

중소벤쳐기업부_전국주요상권현황

---

11) [출처] https://blog.naver.com/kmu_univ/221670606352
12) https://www.data.go.kr/tcs/dss/selectDataSetList.do?dataSeCd=
POPULAR_FILE_DATA

공공데이터 포털에서 다운로드 숫자가 많은 자료는 위와 같은데 이러한 자료를 많이 받았다는 것은 관심도가 많다는 것이기에 접근 방법을 잘 연구하면 좋은 사업아이템이 나온다

공공행정 공공기관

CSV&XLS 도로교통공단_교통사고 통계

- 경찰에서 조사, 처리한 교통사고에 대한 통계 정보로 인적 피해가 있는 사고만 집계 됨
- 사고유형별, 법규위반별, 시간대별 등 각종 부문별 교통사고 통계자료 제공
- 교통사고분석시스템(http://taas.koroad.or.kr)의 데이터를 바탕으로 함

수정일 2020-07-14   **조회수** 30574   **다운로드** 23527   **주기성 데이터** 78

산업고용 공공기관

CSV&HWP&XLS&XLSX 상가(상권)정보

소상공인 상권정보 상가업소 데이터

수정일 2020-02-24   **조회수** 21794   **다운로드** 93781   **주기성 데이터** 31

과학기술 국가행정기관

CSV 기상청_단기예보(월간)

예보기간과 구역을 시공간적으로 세분화하여 발표하는 자료로 3시간 간격으로 발표합니다.

수정일 2020-07-27   **조회수** 19739   **다운로드** 1277   **주기성 데이터** 3

과학기술 국가행정기관

CSV 기상청_초단기실황(월간)

동네예보 구역(5km 해상도 격자)에 대한 대표 AWS 관측값을 제공합니다.

수정일 2020-07-27   **조회수** 19077   **다운로드** 345   **주기성 데이터** 3

과학기술 국가행정기관

CSV 중기예보자료(일간)

기상청에서 과거에 발표한 중기예보 자료를 제공합니다.

수정일 2020-01-08   **조회수** 19070   **다운로드** 180

공공데이터 포털 데이터 예시

아이템을 세분화 하라

기존 분야에는 대부분 이미 확고하게 자리잡은 빅데이터 기반 회사들이 자리잡고 있다. 예를 들면 부동산은 〈직방〉, 증권은 〈키움〉, 여가, 레저는 〈야놀자〉라는 유명한 회사들이 버티고 있다.

이들과 정면으로 대결해서는 승산이 없거나 어려움이 크다. 시작할 때는 분야를 세분화하여 경쟁을 최소화해야 일정 기간 유지하고 성공할 수 있다.

〈직방〉도 처음에는 원룸 중개 위주의 서비스만 제공했다. 그 후 부동산 실거래가 앱 '호갱노노'를 인수하고 포털 다음의 부동산 분야를 위탁 운영하여 규모를 키웠다.

그 후 골드만삭스 등으로부터 1,600억원 투자를 유치했고 2020년 현재 기업 가치가 7,000억원이라고 한다.

구체적으로 부동산 관련 세분화로는 상권분석 전문, 쉐어하우스 전문, 빌딩 전문, 경매 전문, 토지 전문, 빌라 전문 등을 생각해 볼 수 있다.

상가 전문으로 할 수도 있는데 여기서 더 세분화 하여 사무실 전문, 식당 전문, 학원 전문, 펜션 전문, 숙박업 전문, 당구장 볼링장 등 취미 여가 전문으로 시작할 수도 있다.

소비자 트랜드는 10년을 내다보라

매년 새해가 되면 그해 트랜드를 전망하는 책이 발간되고 있다.

사업 아이템을 선정할 때는 10년을 내다보고 결정하자. 사업을 1~2

년 하고 말 것이 아니기 때문이다.

　지금 반짝 되는 아이템인지, 조금 더 길게 갈 아이템인지 면밀히 분석하고 시작해야 한다.

데이팅 서비스

순위	앱 이름	서비스 형태
1	카카오톡	소셜네트워킹
2	카카오페이지	도서
3	유튜브	사진 및 비디오
4	네이버웹툰	엔터테인먼트
5	왓챠플레이	엔터테인먼트
6	아자르	소셜네트워킹
7	위피	소셜네트워킹
8	웨이브	엔터테인먼트
9	넷플릭스	엔터테인먼트
10	심쿵	소셜네트워킹

한국의 상위 앱 순위 ＿＿ 출처: 앱애니

　국내 데이팅 앱 상위 20여 개의 연 매출이 1,000억 이상으로 꾸준히 성장하는 시장이다. 미국의 데이팅 앱 시장은 2조 9000억이다.

　한국에서 소비자들이 돈을 가장 많이 쓰는 상위 10개의 앱 중 3개가 데이팅앱이다.

　'앱애니'의 2020년 모바일 현황보고서에 보면 데이트앱인 '아자르(Azar)'가 6위, '위피(WIPPY)'가 7위, '심쿵(Simkung)'이 10위이다.

　국내 소비자들이 가장 돈을 많이 쓴, 국민앱이라 할 수 있는 '카카오톡', '카카오페이지', '유튜브', '네이버웹툰', '왓챠플레이'와 어깨를 나란히 했으니 실로 어마어마한 수준이다.

　2019년 전 세계 소비자들은 데이팅 앱에 2조 5934억원을 지출했다. 2017년에 비해 2배 가량 늘어난 금액이다.

　세계 소비자들이 가장 돈을 많이 쓴 데이팅 앱은 '틴더((Tinder)',

'범블(Bumble)', '아자르(Azar)', '바두(Badoo)' 순이었다.

이들의 수익 창출 요소는 정기구독이었다.

데이팅앱 아이템은 국내 뿐 아니라 세계 시장에서도 할 수 있는 아이템이기에 가능성이 무한정 열려있다.

그러나 데이팅앱 아이템은 가장 부침이 심한 곳이다. 많은 데이트앱이 난립하고 있고 영원한 왕자도 없고 영원한 꼴찌도 없다. 컨셉과 마케팅을 어떻게 하느냐에 따라 빠른 시간 안에 성공할 수 있다.

데이팅앱을 운영할 때 빅데이터 활용 방법을 적절하게, 독특하게 운영하면 성공할 수 있다.

예를 들면 〈아자르〉는 영상채팅 기능이 있어 젊은층을 핵심 타겟으로 삼았다.

〈위피〉는 나이와 거주지 등을 자료로 동네 친구 사귀는 컨셉으로 자리잡았다. 여기서 빅데이터가 유용하게 쓰였다.

〈심쿵〉은 '시크릿파티'라는 회원전용 서비스로 특화하였다.

2년 반 동안 500만 명의 사용자를 확보한 일본의 데이팅앱 〈페어스〉의 특징은 "사용자 스스로 인식하지 못하는 잠재적 선호도를 알려주는 것"으로 성공했다.

선두업체와 경쟁이 어렵다면 차별화를 하는 방법이 있다.

매니아를 위한 데이팅 서비스를 하는 것이다.

공상과학, 호러, 판타지, 애니메이션, 만화, 비디오 게임, 컨벤션, 코스프레, 책, 그림, 음악, 춤 등을 좋아하는 사람들을 위해 데이트 서비스를 하는 것이다.

증권정보 서비스

증권앱은 경제가 멈추지 않는 이상 필요한 앱이다. 빅데이터가 유용하게 쓰이고 불확실성을 과학적인 데이터로 어느 정도 방향을 보여주는 분야이기에 꼭 필요한 서비스이다.

증권업계를 비롯해 금융, 공공기관은 마이데이터(MyData)가 화두이다. 마이데이터는 금융회사와 공공기관 등에 흩어진 금융정보를 수집하여 제공하고 고객에게 알맞는 서비스를 추천하는 것이다.

'데이터 3법(개인정보보호법·신용정보보호법·정보통신망법 개정 법률)'이 통과하여 고객은 금융회사, 통신사, 공공기관 등이 보유한 개인 신용정보를 본인, 마이데이터 사업자, 금융회사 등에 전송해 줄 것을 요구할 수 있다.

그동안 막혀있는 소중한 데이터창구가 열리면서 이 데이터를 토대로 여러 가지 가공하여 다양한 서비스로 새로운 사업 구상이 가능하다.

또한 개인을 위해 증권 관련 정보를 만들 때 다음과 같은 내용으로 서비스하면 좋다.

개인별 맞춤 정보
- 고객의 관심 종목을 빅데이터로 분석하고 개인이 투자성향과 투자금 등 여러 정보를 기반으로 개인에게 꼭 맞는 개인 컨설팅이 가능하도록 만드는 것이 중요하다.

- 주요 항목으로는 관심 트랜드 순위와 종목제공, 리스크, 수익성, 상승확률 등 종목진단을 제공한다.

종목추천 서비스

- 포털 검색어와 뉴스, 동영상, 이미지 등의 빅데이터를 수집 분석, 트랜드를 예측하고 주도주를 포착하여 정보를 제공한다.

- 상승 추세 종목 중 수급분석을 통해 포착한 오늘의 주도주를 비롯 대표적인 기술 분석 기법에 따라 포착된 종목을 제공한다.

기관, 외국인 투자자가 동향

- 증권시장에 기관, 외국인 투자자의 영향력이 크다. 이들의 행동을 분석하여 매매 시기와 단가를 따라하기나 반대로 하기 등을 알려주고 매매단가보다 저평가된 종목을 추천한다.

육아 서비스

육아 관련 서비스도 빅데이터를 활용할 수 있다.

육아도 기본 시장이 있는 분야이기에 경쟁력을 갖추어 빅데이터를 활용한다면 성공할 수 있을 것이다.

통계청 빅데이터 분석 결과 최근 아빠가 육아에 참여하는 비율이 높아졌다. 타겟을 엄마가 아닌 아빠로 한다면 새로운 트랜드에 맞추어 적절한 서비스를 할 수 있다.

이유식 정보, 유모차 구입 정보

육아의 연관어로 '밥'(3만 1천 건), '낮잠'(1만 3천 건), '유모차'(1만

7천 건) 등을 힌트로 이유식 정보, 유모차 구입 정보를 제공해 주면 좋다.

더 구체적으로 수유 주기와 수면 주기, 기저귀 교환 시기 등을 제공해 주고 직접 기록할 수 있도록 하면 좋다.

일상 놀이

놀이 관련 게시글을 분석하니 이벤트성 놀이(10.4%)보다 매일 할 수 있는 일상놀이(26%)에 대한 게시글이 2배 많은 것으로 나타난 것을 참고로 일상 놀이 정보를 제공하면 인기를 끌 것이다.

공유 기능을 통해 모든 회원들이 기록한 발달 사항을 토대로 평균을 보여주고 비교할 수 있도록 하면 된다.

맞춤형 육아 정보 제공

이용자들의 관심 사항과 소비패턴 등을 분석해 우리 아이의 성장단계별로 필요한 여러 가지 정보를 맞춤형으로 제공한다.

의료 및 헬스케어 서비스

의료 및 헬스케어 서비스에도 활용될 수 있다.

최근 AI 기술을 이용하여 성조숙증, 폐암, 폐질환, 유방암, 치매, 물리치료 등 질환을 정확하고 빠르게 진단하거나 효과적으로 치료가 가능한 보조 소프트웨어들이 속속 등장하고 있는데, 이는 AI가 최신논문, 과거 진료 정보, 학술지 등의 정보를 스스로 학습하여 의사가 최적의 처방을 내리도록 보조하는 역할을 수행할 수 있기 때문이다.

이러한 AI 소프트웨어를 사용하면 정확도는 높이면서 진단하는데 들어가는 시간과 비용은 줄일 수 있고 개인에 최적화된 맞춤형 케어를 받을 수 있다.

IBM에서는 AI 종양학 의사 "왓슨 포 온콜로지"(Watson for Oncology)를 개발하여 전 세계 대형병원 13곳에서 의사로 활약하고 있다. 국내에서도 인천에 있는 가천대학교 길병원은 2016년 가을 IBM 왓슨을 진료에 도입했다.

진료 대상은 유방암, 폐암 등 여덟 종류의 암 환자이다.

원격진료에도 AI가 사용될 수 있다. 미국의 경우 원격진료가 이미 활성화되어 있는데 〈98point6〉이라는 원격진료 스타트업은 AI 챗봇을 통해 자동 문진을 하고 이 내용을 의사에게 전달하여 채팅 또는 화상으로 진료를 진행하고 있다.

국내의 경우 원래 원격진료는 법으로 금지였지만 코로나19로 인해 한시적 허용된 상태이며 스타트업 〈메디히어〉가 〈98point6〉와 비슷한 앱을 만들어 출시하였다. 출시 4개월 만에 앱 가입자 수는 1만 명이 넘었고 누적 진료수도 1만 건에 다다랐다.

의료 및 헬스케어 분야로 창업을 하게 되면 굉장히 고도화된 알고리즘적 연구가 필요하다.

영상, 이미지, 텍스트 데이터를 포괄한 분석이 가능해야 하며 의학적인 지식 또한 충분히 갖추고 있어야 한다. 또한 법적인 이슈에도 민감한 분야라 항상 정부 정책을 주시하고 이에 반하지 않게 조심해야 한다.

다소 어려운 길이지만 기술성을 높게 평가받을 수 있는 분야라 유니콘 기업(기업가치 1조 이상)으로 성장할 수 있는 기회의 땅이기도 하다.

개인화 맞춤형 추천 서비스

초개인화 기술이라고 하는데 개인화 맞춤형은 빅데이터의 가장 중요한 특징을 잘 살린 아이템이다.

소비자의 100인 100색의 저마다 다른 욕구를 해석하고 그에 맞게 서비스를 제공하는 아이템이다.

우선 고객 개개인의 과거 히스토리 데이터를 이용해 맞춤형 추천을 할 수 있다. 개인화 맞춤형 추천은 사용자, 아이템, 행동 로그가 많이 쌓이는 대형 플랫폼에 적합하다.

개인화 맞춤형 추천을 이용한 창업을 하려면 플랫폼에 납품할 추천 서비스 알고리즘을 직접 고안해야 한다. 물론 구글, 유튜브와 같은 초대형 플랫폼들은 사내에 데이터분석 팀이 따로 있기에 납품하기는 쉽지 않을 것이다.

그러나 그보다 조금 눈을 아래로 낮추면 납품할 플랫폼은 얼마든지 있다. 국내 대형 신문사들의 뉴스추천 알고리즘도 〈데이블〉이라는 스타트업 출신이 납품하고 있다.

이외에도 각종 의류 쇼핑몰, 애견 쇼핑몰, 도서 쇼핑몰, 영상 플랫폼, 데이팅 앱, 구인구직 사이트 등 개인화 맞춤형 추천 시스템이 필요한 곳이 많다.

의류 쇼핑몰의 경우 개인화 맞춤형 추천 시스템을 적용하기에 가장 적합한 분야 중 한 곳이다.

의류의 수가 워낙 많고 상품에 대한 정보(색깔, 카테고리, 재질)도 다양하며 최신 트랜드에 민감하기에 상품 선택에 예민한 고객들에게 AI가 맞춤형 추천을 해주면 효과적이다.

납품한 쇼핑몰 중 한 곳인 〈러블랭〉의 예를 보자.

러블랭은 하루 평균 사용자 방문이 1만 5천명이 넘는 10대, 20대 여성들에게 인기 있는 쇼핑몰이다. 젊은 여성들을 위한 악세서리, 옷을 주로 판매하는데 상품의 가지 수가 2,000개가 넘어서 고객들이 상품 선택하는데 선택의 폭이 너무 크다.

또한 상품도 온라인 마케팅을 한 상품이나 베스트 100 상품 위주로 많이 노출되고 있어서 상품 추천 솔루션을 납품하였다. 상품추천 솔루션은 알고리즘의 성격에 따라 화면 배치를 달리했다.

메인 화면, 상품 상세 상단, 상품 상세하단, 검색창, 장바구니창, 주문창에 각각 각기 다른 알고리즘이 들어가 있다.

예를 들어 메인 화면에는 고객의 과거 데이터 기반 전체적인 취향이나 해당 고객과 유사한 이웃들이 구매한 상품을 보여준다. 반면 상품 상세에는 해당 상품과 유사하거나 해당 상품과 많이 클릭이 발생한 상품들을 보여준다. 주문창에는 해당 상품과 함께 많이 구매가 발생했거나 패키지로 할인받을 수 있는 상품들이 추천된다.

애견 쇼핑몰도 개인화 상품 추천 솔루션이 이용될 수 있다.

말을 할 수 없는 애견을 위한 상품이라는 점에서 식품 성분과 반려견의 특성(종, 나이, 건강상태)을 고려한 맞춤형 추천이 되어야 한다. 물론 반려견주의 성향도 함께 고려한다.

안드로이드 다운로드 건수 10만건 이상인 국내 1위 반려견용품 업체 〈펫프렌즈〉에도 상품추천 솔루션을 납품하였다.

펫프렌즈내 상품추천

도서 쇼핑몰의 경우 아마존닷컴이 대표적이다. 아마존닷컴은 개인화 추천 알고리즘을 1997년부터 연구해왔던 선두 주자이다.

아마존닷컴 매출의 1/3 이상이 추천 알고리즘을 통해 발생한다는 사실은 이미 너무 유명해졌다.

또한 비인기 재고상품들이 적절히 추천되어 팔리게 되면서 재고관리 효용성도 대폭 증가하게 되었다.

아마존닷컴의 경우 굉장히 다양한 알고리즘을 화면 UI마다 삽입해두었다. 사용자가 어느 페이지를 클릭하던 상품추천이 계속 따라다니면서 사용자의 소비 욕구를 자극한다.

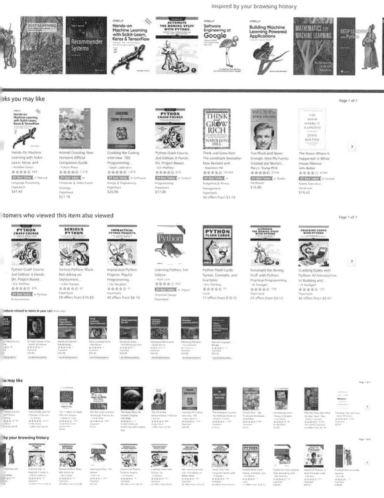

아마존 닷컴의 상품 추천 솔루션

도시락 맞춤 서비스도 가능하다.

지인 중에 농장을 경영하는 분이 있다. 그래서 농장을 통해 수확한 각종 과일과 샌드위치를 도시락으로 각종 기관에 납품하고 있다. 야유

회나 미팅과 같이 다수의 사람들 모이는 장소에 도시락을 납품하는 것이다.

지금까지는 단순히 주문자가 전화로 주문하면 일률적인 도시락을 납품해왔다. 하지만 최근에는 도시락 종류를 다양화하고 앱을 통해서 주문을 받는 것을 시도하려 한다. 이때 주문자에게 몇 가지 간단한 취향 조사 설문을 한 후 과거 히스토리와 결합하여 맞춤형 도시락 구성을 제시해주는 사업을 구상하고 있다.

유튜브는 아마존 닷컴과는 약간 다른 방식으로 추천 시스템을 적용한다. 아마존 닷컴이 여러 개의 알고리즘을 각기 다른 UI에 적절히 혼합해서 쓰는 반면 유튜브는 메인 화면 위주에만 핵심으로 추천시스템을 적용한다.

유튜브 시청자 대부분이 모바일을 사용하기에 모바일 사용자들을 타케팅하여 핵심 메인 화면에 개인화 맞춤형 동영상 리스트를 출력하는 듯 하다.

아마존닷컴이 협업 필터링을 필두로 한 기본적인 추천시스템을 여러 개 적용한 반면 유튜브는 딥러닝 기반 알고리즘을 적용한다.

유튜브 추천 알고리즘에 관한 논문[13]을 보면 수백여개의 데이터 변수를 활용해서 알고리즘을 구축했다고 한다.

협업필터링이 기본적인 클릭, 구매와 같은 단순 로그데이터 몇 개를 이용한 반면 유튜브는 수집할 수 있는 각종 데이터 변수를 사용한 것이다.

---

13) Covington, P., Adams, J., & Sargin, E. (2016, September). Deep neural networks for youtube recommendations. In Proceedings of the 10th ACM conference on recommender systems (pp. 191-198)

알고리즘에 대해서 조금 더 자세히 살펴보면 우선 핵심 데이터 변수들 몇 개를 활용하여 수백만의 영상 중 추천 후보군 수백 가지를 추린 후 데이터 변수를 더 보강하여 최종 추천리스트를 출력한다.

이렇게 2중 신경망 구조를 지니고 있기에 학습을 위한 연산이 꾍장히 클 것으로 예상되지만 그만큼 강력한 성능을 보여 유튜브의 세계적인 인기몰이에 한몫하고 있다.

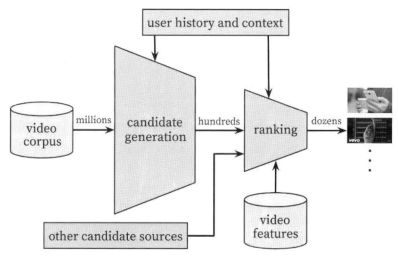

유튜브 추천 시스템 알고리즘

할인쿠폰 정보 제공

미국의 최대의 유통업체 〈타깃〉은 구매자들의 구매 패턴을 분석 후 개인 맞춤형 할인 쿠폰을 발송해준다.

이 때문에 2012년 임신부 옷, 신생아용 가구 등 임신부들에게 보낼 만한 쿠폰 우편을 한 여고생에게 보내 화제가 된 적이 있다. 당시 그 학생의 아버지는 고등학생에게 이런 우편을 보냈다고 타깃에게 항의를 했지만 며칠 뒤 그 학생은 실제로 임신 중이었던 것으로 확인됐다.

타깃은 자체 빅데이터 알고리즘으로 '임신부'와 '무향 티슈나 마그네슘 보충제 등 구매'의 상관성이 높았던 사실을 찾아내었는데 해당 여고생의 구매 패턴이 임신부의 구매 패턴에 부합했기 때문이다.

물론 이외에도 개인의 취향을 고려한 데이트 코스 추천, 맛집 추천, 요리 추천, 일자리 추천, 의료 기관 추천, 이상형 추천 등이 있을 수 있다. 각 플랫폼의 성격마다 데이터가 다르고 그에 따른 알고리즘이 상이하기 때문에 플랫폼 성격에 맞춘 고도화 작업이 필요하다.

이미 비슷한 앱 또는 사이트들이 꽤 있을 수 있다. 하지만 이미 있다고 기죽을 필요 없다. 후발주자라도 치고 나가서 시장을 선점하면 된다. 페이스북이 나오기 전에 마이스페이스가 먼저 있었고 카카오톡이 나오기 전에 앰엔톡이 먼저 있었다.

기업 프로세스 개선

빅데이터로 기업 내부 프로세스를 효율적으로 개선할 수도 있다.

일별 배송 정보를 분석하여 소비자의 물류 서비스 이용 흐름과 패턴 파악에 활용하고 있는 〈DHL〉은 실시간 교통상황, 수신자 상황, 지리적/환경적 요소를 고려한 최적화된 배송 경로를 실시간으로 분석해 적기 배송 실패율을 제로 수준으로 만드는 한편 불필요한 연료 소모도 최소화하고 있다.

또한 이렇게 얻어진 데이터 분석 결과는 물류 서비스 수요 증가 추세를 예측하여 물류센터 확장과 배송 차량 추가 등에 대한 투자 결정에도 활용하고 있다.

패스트패션(SPA) 기업인 〈자라〉는 빅데이터 분석을 활용해 전 세계 매장의 판매 현황을 실시간으로 분석한 뒤 고객 수요가 높은 의류를 실시간으로 공급할 수 있는 물류망을 구축함으로써 재고 부담은 줄이고 매출은 극대화한다.

이외에도 기업 내부 감사 및 사기와 같은 이상 징후도 빅데이터 분석을 통해 할 수 있다.

고객의 거래 유형을 모니터링 및 분석하여 평소 이용 패턴에서 벗어난 금융 거래를 감지하고 조치하는 기능을 수행해준다. 대형 금융기관들은 대부분 이러한 시스템을 도입하고 있다.

아예 이러한 기업 프로세스 개선 업무를 쉽게 할 수 있는 툴이 개발되어 있기도 하다. 프로세스 마이닝이라 불리기도 하는데 해외에서는 〈Disco〉, 국내에서는 〈ProDiscovery〉라는 툴이 개발되어 있다.

이러한 툴을 활용하면 병목 구간 발견, 낭비 제거, 프로세스 변경의 효과성 검증, 규정 준수 보증, 유지보수 비용의 감소, 모범사례 고취를 데이터 관점에서 쉽게 살펴볼 수 있다.

기업 프로세스 개선은 주로 제조업, 금융업, 공공기관과 같은 보수적이고 대형화된 기관에 필요하다. 따라서 이 분야로 창업을 하려면 사전에 제품을 납품할 수 있는 대형 기관과의 충분한 협의가 되어있어야 한다. 해당 기업에 다녔던 경력이 있거나 경력이 없으면 경력이 있었던 사람을 영업 사원으로 들이는 것도 좋은 방법이다.

IoT 센서를 활용한 빅데이터

사물인터넷(Internet of Things)은 사물에 센서를 부착해 실시간으로 데이터를 인터넷으로 주고받는 기술을 말한다.

센서네트워크에서 쏟아지는 실시간 데이터를 저장/관리/분석하기 위해서 빅데이터 기술이 중요해지고 있다. 즉, 사물인터넷과 빅데이터간의 관계는 기술이 발전하면서 더욱 밀접해지고 있다.

수많은 기기에서 나오는 데이터의 양은 점차 증가하므로 그 데이터에서 의미 있는 정보를 얻고 중요한 데이터만 효율적으로 처리하고 저장해야 한다.

그러기 위해서는 빅데이터의 실시간 분석 및 저장 기술이 필요하다. 머지않아 공장의 기계뿐만 아니라 자동차, 가전제품, 대형마트의 상품 등 거의 모든 사물에 센서가 부착될 것이며 그 센서에서 생성되는 데이터를 통해 비즈니스 가치를 발굴하려고 할 것이다.

일본의 〈코마츠(Komatsu)〉의 경우 이 회사에서 생산된 건설기계 차량에 다양한 센서를 부착하고 센서데이터를 수집 및 관리하고 있다. 예를 들면 굴삭기나 불도저의 동작 및 상태에 관한 모든 센서를 중앙관리센터로 보내고 있다.

이를 통해 현재 잘 작동하고 있는지 아니면 어떤 문제가 발생하고 있는지 모니터링 할 수 있다. 〈코마츠〉의 중앙관리센터에서는 세계 각국에 퍼져 있는 이 회사의 모든 장비들의 센서를 수집하고 관련 정보를 고객에게 제공해주는 서비스를 운영하고 있다. 즉, 장비의 오류 및 연료 부족까지 실시간으로 데이터를 수집 및 분석하여 고객과 대리점에 대시보드 형태로 정보를 전송하고 있다.

이 모니터링 시스템을 통해 장비가 고장이 났을 때 고장 원인을 빠르게 추정하여 고객에게 정보를 제공, 빠르게 장비를 수리할 수 있고 비용 및 시간을 절약할 수 있다. 또한, 위치 추적을 통해 장비 도난을 사전에 방지할 수도 있다.

미국 조지아 아틀란타에 위치한 〈맥키니(Mckenney's)〉 회사는 건물 자동화 및 제어시스템 등 다양한 서비스를 제공하는 회사이다. 이 회사는 몇 년 전 미국 공군기지의 에너지 관리 프로젝트를 맡았으며 빌딩 내 에너지를 관리하는 시스템을 개발하였다.

먼저 빌딩 내 수만 개의 센서를 설치하고, 이를 통해 데이터를 수집 및 분석하여 실시간으로 모니터링 할 수 있게 만들었다.

온도, 습도, 빛 등 다양한 센서데이터를 통해 비효율적으로 에너지를 사용하는 문제점을 발견하게 되었고, 해결책 또한 분석을 통해 찾아낼 수 있었다.

결국 이 시스템을 통해 전체 에너지 사용의 20프로 정도 절감하는 효과를 얻을 수 있었다.

LG의 경우 〈스마트씽큐(SmartThinQ)〉 센서를 활용해 사물인터넷 오픈 플랫폼 '올조인(AllJoyn)'을 스마트홈에 적용하고 있다. 일반 가전제품에 센서를 부착하여 외부에서 가전제품의 작동 상태를 확인할 수 있으며, 원격제어도 할 수 있는 장치이다.

앞으로는 인간이 사용하는 모든 제품에는 센서가 부착될 것이다. 제품에 기록되는 센서 데이터 분석을 통해 인간의 행태를 분석하고 이를 기반으로 더욱 안전하고 편리한 세상을 만드는데 일조할 수 있다. 센서 제조는 어렵지 않기 때문에 부착할 제품과 어떻게 활용할지 아이디어만 잘 구상하면 충분히 경쟁력이 있는 창업 분야가 될 것이다.

예를 들어 국내 스타트업 〈투애니원센추리〉의 경우 sgs(smart guard system)이라는 축구선수 정강이 보호대를 개발하였다.

이 정강이 보호대에는 센서가 부착되어 있어 선수들이 경기장에서 뛰는 동안 선수들의 상태를 실시간으로 파악한다.

현재 선수의 몸 상태 및 활약상을 데이터로 분석하여 컨디션 관리 및 전략을 데이터 기반으로 효율적으로 할 수 있게 돕는다. 또한 경기 이후 선수별 개개인 분석 리포트를 작성할 때에도 도움이 된다.

소셜 서비스 빅데이터

각종 플랫폼에 다는 댓글 등 현대 사회의 사람들은 매일 매일 소셜 서비스를 이용하기에 엄청난 양의 빅데이터가 매일 쌓이고 있고 이를 활용하여 인간의 취향, 행동 패턴 유추가 가능해진다.

〈씨이랩〉은 SNS를 통한 빅데이터 분석 서비스를 제공하는 기업이다. 〈씨이랩〉이 출시한 〈버즈비〉는 기업 브랜드와 전략 마케팅을 위한 중요 키워드를 도출하고, SNS 채널별로 실시간 확인하는 서비스다.

예를 들어 SK와 관련된 중요 키워드를 도출한 뒤 SNS에서의 반응을 살펴보면 효과적인 홍보 및 마케팅 전략을 세울 수 있을 것이다. 이러한 핵심 키워드 간 관계분석과 비교분석을 통해 기업 관련 정보를 제공하는 것이다.

중소상인에게 제공되는 서비스인 〈구피〉는 빅데이터 분석을 통해 중소상인들에게 방문 가능성이 높은 고객을 추천하고 타겟 마케팅을 제공하는 서비스이다.

〈구피〉에서는 이러한 고객 추천시스템 이외에도 타겟 맞춤형 전단지, 무료 쪽지, 쿠폰 등등의 다양한 추가 서비스가 제공되기 때문에 중소상인들로 하여금 다양한 발전의 기회를 열어준다.

이러한 〈구피〉는 일본에서도 활약했고, 미래창조과학부 장관상을 받았다.

〈사이람〉도 소셜 데이터 분석 업체다. 기업, 인물, 제품 등과 관련하여 생성되는 트윗을 분석하여 위기 관리를 위한 전략적인 트위터 활용 방안을 제시할 뿐만 아니라 이슈 발생시 빠른 시간 내에 파악하여 효과적으로 대응할 수 있는 전략을 제공한다.

계정 활동을 분석하여 활동성, 영향력, 호응도, 반응도를 측정하기도 한다. 이를 통해 계정운영에 가장 부족한 점이 무엇인지를 파악하여 개선점을 모색해준다.

소셜 서비스는 앞으로 점점 더 많아질 것이고 크롤링14), API 등을 통해 데이터 수집도 용이하기 때문에 소셜 빅데이터를 활용한 사업 아이템은 무궁무진할 것이다.

예를 들어 유튜브, 인스타그램의 인플루언서 계정 데이터를 수집

---

14) 무수히 많은 컴퓨터에 분산 저장되어 있는 문서를 수집하여 검색 대상의 색인으로 포함시키는 기술

하여 인플루언서들의 특징, 성향, 인기요인 등을 분석하고 지표화할 수 있다.

이를 통해 인플루언서 컨설팅 및 신규 유저 가이드를 해줄 수 있을 것이다.

소셜 빅데이터 분석을 이용해 유명인, 사건, 자사 제품에 대한 버즈 및 이슈를 파악하려는 시도도 이미 많이 있어 도전해볼 수 있다.

AI 빅데이터 분석의 이론적 토대

이론적 설명에 앞서서 간단한 빅데이터 분석 사례를 보여주겠다. 해당 내용은 내가 쓴 논문(서대호, 김지호, & 김창기. (2018). 댓글 분석을 통한 19대 한국 대선 후보 이슈 파악 및 득표율 예측. 지능정보연구, 24(3), 199-219.) 에서 일부 발췌하였다.

데이터는 네이버 포털사이트 뉴스 댓글을 활용했다. 구체적으로 19대 대선 선거 직전 기간의 각 후보들이 언급된 댓글들을 추출하였다. 일자별 댓글에서 가장 많이 나온 단어들은 아래와 같다.

대략적으로 대통령으로 당선된 '문재인' 대통령 이름이 상단에 위치하지만 5월2일에는 TV 대선토론이 있어 다른 후보(홍준표, 유승민)들의 이름도 많이 거론되고 있다.

다음은 주요 3명의 후보에 대한 긍정적인 단어와 부정적인 단어들을 따로 모아보았다. 문재인 후보는 긍정단어 리스트에 유력 당선 후보로서 '지지', '성공', '승리'와 같이 대선 당선과 관련된 단어가 주로 분포하였다. 반면 부정단어 리스트에는 '조작', '가짜'와 같이 문재인 후보의 진실성과 이중성에 대한 의혹이 주로 분포하였다.

	4/29	4/30	5/1	5/2	5/3	5/4	5/5	5/6	5/7
1	대통령	대통령	문재인	홍준표	대통령	투표	투표	안철수	대통령
2	문재인	홍준표	대통령	대통령	홍준표	안철수	대통령	대통령	문재인
3	사람	문재인	홍준표	유승민	문재인	대통령	사람	문재인	안철수
4	촛불	사람	안철수	문재인	사람	문재인	문재인	홍준표	홍준표
5	후보	안철수	투표	보수	후보	사람	보수	사람	사람
6	국민	국민	사람	안철수	유승민	홍준표	국민	후보	후보
7	안철수	후보	국민	국민	안철수	국민	안철수	국민	국민
8	진짜	투표	후보	생각	생각	후보	홍준표	생각	투표
9	생각	생각	박근혜	박근혜	국민	보수	후보	진짜	보수
10	투표	나라	나라	심상정	진짜	대한민국	진짜	대한민국	유승민
11	심상정	대한민국	진짜	투표	수능	생각	대한민국	투표	대한민국
12	홍준표	진짜	생각	대한민국	투표	진짜	생각	나라	생각
13	나라	보수	대한민국	지지율	보수	유승민	나라	보수	나라
14	박근혜	박근혜	여론조사	나라	박근혜	박근혜	박근혜	공약	우리
15	우리	국민들	보수	토론	공약	나라	유승민	국민들	진짜
16	아들	지지율	공약	국민들	대한민국	사전투표	사전투표	유승민	박근혜
17	국민들	공약	지지율	정치	나라	대구	국민들	심상정	아들
18	대한민국	당선	국민들	대선	국민들	정치	투표율	박근혜	당선
19	공약	북한	심상정	여론조사	세월호	미래	정치	문준용	국민들
20	정치	안철수	당선	공약	정치	심상정	당선	당선	정치

일자별 키워드 빈도 분석

홍준표 후보는 긍정리스트에 '보수', '능력'과 같이 능력있는 보수 후보라는 점이 긍정리스트에 분포하였다. 반면 부정단어 리스트에는 '쓰레기', '강간', '뇌물'과 같이 사회적 논란거리였던 홍준표 후보 자서전의 대학시절 이야기와 성완종 리스트 사건이 주로 분포하였다.

안철수 후보는 긍정단어 리스트에 '진정', '진심', '정의'와 같이 진실되고 깨끗한 후보라는 점이 긍정 리스트에 분포하였다. 반면 부정단어 리스트에는 '거짓말', '가짜', '실망'과 같이 안철수 후보 부인의 교수임용 의혹과 관련하여 부정적인 단어가 분포한 것으로 풀이된다.

candi-date	Moon Jae-in		Hong Joon-pyo		Ahn Cheol-soo	
senti-ment	positive	negative	positive	negative	positive	negative
1	지지	조사	지지	문제	지지	조사
2	사람	문제	사람	조사	사람	이상
3	지지자	반대	보수	죄인	지지자	거짓말
4	성공	조작	자유	쓰레기	진정	선동
5	정의	거짓말	정신	거짓말	진심	걱정
6	자유	부정	지지자	조작	능력	부족
7	승리	전투	이해	범죄	희망	가짜
8	이해	선동	정의	잘못	기회	사기
9	필요	가짜	능력	강간	진심	실망
10	세상	잘못	기회	뇌물	정의	배신

감성 키워드 빈도 분석

마지막으로 전체 댓글에서 많이 언급되는 주요 토픽들과 각 토픽의 감성지수를 산출하였다.

긍정적인 토픽은 크게 2가지가 도출되었다. '적폐청산' 토픽에서는 유력 대선 후보의 당선 기대와 새로운 정권에 대한 희망을 언급하고 있다.

'공약' 토픽에서는 대선 후보들의 공약 내용을 다루고 있다. 특히 '일자리', '정규직', '노동자'와 같이 실업률 해소에 대한 공약이 많은 부분을 차지하고 있다.

부정적인 토픽은 크게 4가지가 도출되었다.

'문재인 후보 아들 취업 특혜 논란' 토픽에서는 아들 문준용씨의 취업 특혜에 대해서 다루고 있다.

'외교/안보' 토픽에서는 미국, 중국, 북한에 둘러싸인 불안한 한반도 상황을 다루고 있다.

'홍준표 후보 자서전 내용 논란' 토픽은 홍준표 후보의 대학 시절 성폭행 미수 의혹에 대하여 다루고 있다.

topic	sentiment	sentiment score	key words
change regime	positive	0.116	문재인, 압도적, 1번, 정권교체, 적폐청산, 승리, 이명박, 지지, 압승, 당선, 이명박근혜
election promise	positive	0.005	세금, 공무원, 서민, 공약, 일자리, 교육, 복지, 정규직, 경제, 증세, 노동자
controversial issue on Moon	negative	-0.247	아들, 문준용, 취업, 공기업, 특혜, 해명, 죄인, 귀걸이, 아버지, 의혹, 채용, 이력서
Diplomacy / Security	negative	-0.094	북한, 미국, 전쟁, 김정은, 중국, 주적, 개성공단, 불안, 사드, 공산당, 적화통일
controversial issue on Hong	negative	-0.099	대구, 쓰레기, 돼지발정제, 경북, 양아치, 가짜보수, 여성부, 자한당
controversial issue on advance ballot	negative	-0.014	투표용지, 개표, 선관위, 투표함, 출구조사, 부정개표, 수개표

토픽 및 감성 분석

'사전투표용지 논란' 토픽에서는 사전투표용지가 용지마다 조금씩 다르게 인쇄되어 부정투표 의혹이 짙어졌던 논란을 다루고 있다.

부정 감성점수를 살펴보면 '문재인 후보 아들 취업 특혜 논란'과 '홍준표 후보 자서전 논란'이 부정지수 1, 2위를 하고 있음을 알 수 있다. 이를 통해 각 후보들의 비도덕성이 대중들에게는 매우 안좋게 인식되고 있음을 알 수 있다.

빅데이터 분석은 여러 학문이 연관된 분야이기 때문에 다양한 방면에서 정의될 수 있다. 그렇지만 전체적인 분석 프로세스는 아래와 같이 정의할 수 있다.

1) 데이터 정제 : 노이즈와 일치하지 않는 데이터를 제거한다.
2) 데이터 통합 : 다양한 데이터 소스를 결합한다.
3) 데이터 선택 : 분석 작업과 관련된 데이터를 데이터베이스에서 가져온다.
4) 데이터 변환 : 데이터 요약 또는 집계 작업을 수행하여 마이닝 분석에 적합한 형태로 데이터를 변환하고 통합한다.
5) 빅데이터 마이닝 : 데이터 패턴을 추출하기 위한 지능적 분석 방법을 적용한다.
6) 패턴 추출 및 평가 : 지식을 나타내는 재미있는 패턴을 추출하고 추출 결과를 정량적인 기준에서 성능 평가한다.
7) 프리젠테이션 : 분석한 결과를 사용자에게 제시하기 위해 시각화와 각종 표현 기술을 사용한다.

1단계부터 4단계까지는 빅데이터 분석을 위한 전처리 과정이다.

기계학습은 빅데이터 분석을 위한 방법으로 데이터에 근거하여 컴퓨터가 학습하거나 성능을 개선할 수 있는 방법을 조사한다. 즉 데이터에 근거하여 복잡한 패턴을 자동으로 인식하고 지능적인 의사결정을 할 수 있도록 자동으로 학습하는 분야이다.

쉬운 예로 사례 데이터를 학습한 후 편지에 손으로 작성한 우편번호를 자동으로 인식할 수 있도록 컴퓨터 프로그램을 개발하는 것이다. 기계학습은 또 세부적으로 다음과 같이 나눌 수 있다.

1) 지도학습

학습에서 지도는 훈련용 데이터 집합이 라벨링되었는지 여부에 근거한다.

예를 들어 우편번호 인식 문제에서 손으로 기입한 우편번호 코드 이미지와 코드 라벨은 분류모형의 학습을 지도하는 훈련용 사례로 이용된다.

우편번호에서 쓰이는 숫자(0~9)까지의 수를 사람이 입력한 것에 대한 답을 미리 라벨링 해주는 것이다.

숫자 2의 다양한 필기체들

같은 숫자 2라도 사람마다 쓰는 스타일에 따라 조금씩 다를 것이다. 이 모든 이미지 숫자 8을 컴퓨터상 '2'라고 라벨을 붙여주는 게 코드 라벨링 작업이다. 라벨을 한 이후에는 이를 활용하여 지도학습을 해야 한다.

숫자 2로 표현된 이미지 수백장을 학습시키고 새로운 숫자 2 이미지를 모델에 적용하면 '2'라고 출력될 것이다.

2) 비지도 학습

군집 분석과 동의어로 주로 사용된다. 입력사례를 라벨링하지 않았기 때문에 비지도 학습이다. 일반적으로 데이터 내에 클래스를 발견하기 위해 군집 분석을 사용할 수 있다.

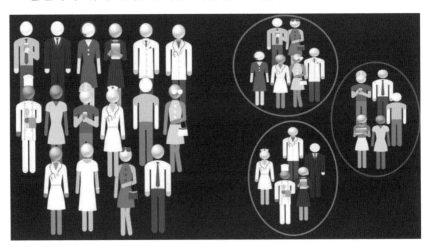

군집분석 예시

예를 들어, 비지도 학습 방법은 입력값으로 손으로 작성한 10진수를 취할 수 있다. 해당 데이터에서 10개의 군집을 발견한다고 했을 때 각 군집은 0에서 9까지의 숫자가 된다. 하지만 훈련용 데이터는 라벨링 되어있지 않기 때문에 학습모형은 발견한 의미를 말해주지 못한다.

더 쉽게 설명을 하면 100명의 사람 얼굴을 3개의 군집으로 나눈다고 하자. 100명의 사람 얼굴이 각 3개의 군집으로 서로 묶이겠지만 묶은 군집의 라벨이나 정확한 근거는 알 수 없다. 얼굴 데이터 픽셀값이 서로 유사하기 때문에 같은 군집으로 묶였을 뿐이다.

3) 반지도 학습

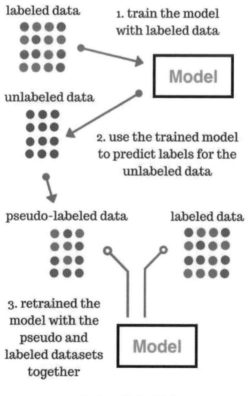

반지도 학습 절차

라벨이 있는 사례와 없는 사례를 이용하는 기계 학습 기술이다. 라벨이 있는 예제는 클래스 모형을 학습하기 위해 사용하고 라벨이 없는 예제는 클래스 간 경계 영역을 정의하기 위해 사용한다. 쉽게 예를 들어 초반에는 라벨이 있는 예제로 클래스 모형을 학습한 후 라벨이 없는 예제를 모형에 넣어 예측된 클래스를 다시 학습 예제의 라벨로 활용한다.

최근 화두가 되고 있는 딥러닝은 기계학습 알고리즘 중의 하나이다. Deep Neural Network라고도 불리운다.

딥러닝은 연속된 층 layer에서 점진적으로 의미 있는 표현을 학습하는 새로운 방식이다. 즉 연속된 층으로 표현을 학습한다는 개념이다. 데이터로부터 모델을 만드는 데 얼마나 많은 층을 사용했는지가 그 모델의 깊이가 된다.

최근의 딥러닝 모델은 표현 학습을 위해 수십 개, 수백 개의 연속된 층을 가지고 있다. 이 층들을 모두 훈련 데이터에 노출해서 자동으로 학습한다.

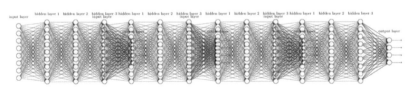

딥뉴럴넷 구조 예시

한편 다른 기계학습 접근 방법은 1~2개의 데이터 표현 층을 학습하는 경향이 있다. 이 점이 딥러닝과의 차이점이다.

딥러닝은 입력층(input layer)과 출력층(output layer) 사이에 여러 개의 은닉층(hidden layer)들로 이뤄진 인공신경망이다. 이러한 심층 인공신경망은 일반적인 인공신경망과 마찬가지로 복잡한 비선형 관계들을 모델링할 수 있다.

예를 들어, 물체 식별 모델을 위한 심층 신경망 구조에서는 각 물체가 영상의 기본적 요소들의 계층적 구성으로 표현될 수 있다. 이때, 추가 계층들은 점진적으로 모여진 하위 계층들의 특징들을 규합시킬 수 있다.

심층 신경망은 그 구조에 따라 Recurrent Neural Network(RNN), Convolutional Neural Network(CNN), Autoencoder, GAN, Attention 등으로 더 세분화 할 수 있다.

딥러닝은 높은 정확도를 보이지만 모델 정확도의 이론적 근거와 인간이 이해할 수 있는 이유를 제시하지 못해 블랙박스 모델이라고 불리기도 한다. 즉 정확도는 높은데 어떻게 작동해서 이렇게 높은 정확도를 보이는지 구체적으로 알 수 없다. 또한 학습을 위한 데이터셋이 소량일 경우에는 정확도가 현저히 낮아지는 과적합 문제도 있다.

AI(인공지능)는 보통의 사람이 수행하는 지능적인 작업을 자동화하기 위한 연구 활동으로 기계학습과 딥러닝을 포괄하는 종합적인 분야이다.

대부분 기계학습 범주 안에 들지만 간혹 학습 과정이 전혀 없는 다른 방법도 많이 포함하고 있다.

예를 들어 1980년대 많은 전문가들은 프로그래머들이 명시적인 규칙을 충분하게 많이 만들어 지식을 다루면 인간 수준의 인공 지능을 만들 수 있다고 믿었는데 이러한 접근 방법도 AI라고 하기도 한다.

간단하게 설명하면 A라는 사례가 나오면 B라는 답이 나오도록 인간이 하드코딩을 하는 방식인데 이러한 사례를 다수 만들어서 대부분의 사례가 하드코딩에 걸리도록 유도하는 방식이다.

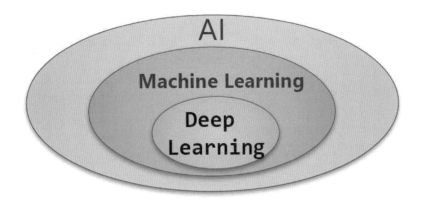

AI, 머신러닝, 딥러닝 집합관계

빅데이터는 다양한 분야에 무궁무진하게 접목할 수 있기에 이를 활용하여 무궁무진한 창업 아이템을 생각해 낼 수 있다. 또한 이러한 창업 아이템을 사업계획서로 작성하면 투자유치도 훨씬 유리하다.

8장

빅데이터, 해외에서 아이디어를 찾는다

8장.
빅데이터, 해외에서 아이디어를 찾는다

미래에 사라질 직업에 창업 아이디어가 있다

10년 안에 사라질 직업을 알아보면 빅데이터가 필요한 업종과 창업 아이템이 보인다. 위 자료는 글로벌 자료인데 국내 자료로 하지 않은 이유는 빅데이터 분야는 국내만 국한해서는 본연의 가치를 실현할 수 없고 글로벌의 시야를 가져야하기 때문이다.

금융, 경제 분야

사라질 직업을 보면 1위인 은행의 투자상담가를 비롯하여 부동산 브로커, 보험 심사담당자, 신용카드 신고서 승인, 조사원, 부기회계 감사 사무원, 금융 기관의 신용분석가 등 금융, 경제 분야가 가장 많다.

그렇다면 이 분야에 창업하면 전망이 좋다는 것이 객관적으로 입증되었다.

은행원이 사라지고 있는 것은 현실화 되었다. 바로 인터넷은행인 카카오뱅크, 네이버은행 등이 등장하여 좋은 실적을 올리기 때문이다. 실제로 주변에서도 인터넷 은행을 많이 이용하는 것을 보았다.

기존 은행들도 지점을 줄이고 인터넷 업무를 늘려가고 있다.

AI 금융 컨설턴트 아이템

위 자료에서 자연스럽게 아이템이 나왔다.

투자 상담 AI는 수많은 데이터를 가지고 인공지능으로 자동응답을 하므로 사람의 실수를 줄일 수 있고 사람의 기억력의 한계를 뛰어넘을 수 있어 좋고 사기를 당할 확률도 적어 신뢰도가 생기므로 아주 좋은 아이템이다.

보험심사 또한 정해진 정관이나 원칙을 입력해 놓고 사례를 입력하

1. 은행의 투자 상담사	14. 수금원	27. 측정기사
2. 스포츠 심판	15. 법률사무보조원, 변호사 보조	28. 영상기사
3. 부동산 브로커		29. 카메라.촬영기기 수리공
4. 레스토랑의 안내	16. 호텔 접수계	
5. 보험 심사담당자	17. 전화판매원	30. 금융기관의 신용분석가
6. 동물 프린터	18. 양복점(재봉사)	31. 안경, 콘택트렌즈 기술자
7. 전화 오퍼레이터	19. 시계수리공	32. 살충제 혼합, 살포기술자
8. 급여. 복리후생 담당자	20. 세무신고서대행자	33. 측량기술자. 지도작성기술자
9. 레지스터	21. 도서관 보조원	34. 정원. 용지관리작업원
10. 오락시설의 안내자	22. 데이터 입력작업원	35. 건설기계 운영자
11. 카지노 딜러	23. 조각가	36. 방문판매원, 노점상인
12. 네일 리스트	24. 고충처리. 조사담당자	37. 도장공, 도배기술자
13. 신용카드 신고서 승인·조사원	25. 부기.회계.감사 사무원	출처 : 미래유엔보고서 2030
	26. 검사.분류.샘플 채취	

면 자동으로 출력이 되므로 아주 빠르고 정확하다.

조금 단순한 아이템으로는 신용카드 승인 앱을 만들어 B2B나 B2C 서비스를 하는 것이다.

신용카드 분석사업

각 매장에서 신용카드 구매시에 나오는 데이터를 추출하고 분석해주는 서비스이다. 프랜차이즈 본사나 개별 매장의 사장과 연락하여 계약을 맺고 할 수 있다.

이 데이터로 매장의 영업 성과를 측정하고, 소비자의 다양한 구매패턴을 분석 평가할 수 있다.

식당이라면 메뉴와 시간대와의 관계, 계절과 상품 판매의 상관관계 등 여러 가지를 파악할 수 있다.

또한 프로모션 및 로열티 프로그램을 개선할 수 있다.

이를 바탕으로 효과적인 매장 마케팅 캠페인을 기획할 수 있어 소상공인 사업에 도움을 줄 수 있다.

자산 관리 빅데이터

자산관리사, 투자상담사, 펀드매니져라는 직업이 있는데 이 직종을 AI가 대신하는 것이다. 자격증을 딸 때 필요한 지식을 미리 AI에게 학습시키고 다양한 상담사례별로 학습시킨다.

규모를 넓게 하면 기업의 자산과 펀드도 관리할 수 있다.

미국의 〈SESAMm〉은 자산 관리를 위한 빅 데이터 및 인공 지능을 전문으로 하는 핀 테크 산업의 스타트업이다. 이 회사는 자연어 처리 및 정확한 감정 분석을 사용하여 전 세계 250,000개의 텍스트 데이터

소스를 기반으로 분석 및 투자 신호를 집계한다.

이 회사는 북미, 유럽 및 아시아 전역에서 전 세계의 중요한 펀드 및 자산 관리자와 협력하고 있다. 〈SESAMm〉은 3회에 걸쳐 총 8백만 유로의 자금을 투자받았다.

투자 분석 서비스

최고의 투자 수익을 얻고 있는지 확실하지 않는가? 마케팅 전략이 필요한 결과를 제공하고 있는가?

〈Pave IQ〉이 이러한 애널리틱스 통찰을 보다 실행 가능하게 만드는 데 도움이 되는 마케팅 분석 스타트 업이다. 회사의 목표를 분석하고 기계 지능을 사용하여 모든 채널을 통해 마케팅 결과를 추출한다. 또한 ROI를 높이는 방법에 대한 맞춤형 데이터 기반 보고서를 제공한다.

회계, 세무 분야

회계, 세무 분야도 사라질 직업으로 올랐는데 인공지능 빅데이터 기술 접목이 많이 이루어지는 분야이다.

회계업무를 살펴보면 우선 자동화를 통해 거래를 실시간으로 처리하며, 수작업이 불필요해진다. 각 계정과목을 매일 정산하고, 결산과 연결주기도 단축할 수 있다.

또한 자동화를 통해 법률을 미리 업무 프로세스에 입력시켜 오류를 최소화하고 부정이나 위법행위 예방에 도움이 된다.

4대 회계법인에서는 이미 〈ACL〉, 〈IDEA〉, 〈클라라〉, 〈헤일로〉, 〈Argus&Optix〉 등 외국산 AI 프로그램들을 몇 년 전부터 쓰고 있다.

세무 업무는 AI로 대체되기 가장 쉬운 분야 중 하나이다. 2018년 LG경제연구원이 발표한 '인공지능에 의한 일자리 위험 진단' 보고서에 따르면 세무사의 미래 일자리 대체 확률은 95.7%에 달했다.

세무사 100명 가운데 4명만 살아남고 나머지 96명은 일자리가 사라진다는 의미다.

No.	직업	가능성	No.	직업	가능성
1	텔레마케터	0.99	21	도배업자	0.87
2	화물, 창고 관련 업무 종사자	0.99	22	부동산 중개사	0.86
3	시계 수선공	0.99	23	핵 기술자	0.85
4	스포츠 경기 심판	0.98	24	경비보안요원	0.84
5	모델	0.98	25	주차요원	0.84
6	캐시어(계산원)	0.97	26	선원, 항해사	0.83
7	전화 교환원	0.97	27	인쇄업 종사자	0.83
8	리셉셔니스트(호텔, 병원 등 접수 담당자)	0.96	28	타이피스트	0.81
9	자동차 엔지니어	0.96	29	이발사	0.80
10	카지노 딜러	0.96	30	목수	0.72
11	레스토랑 요리사	0.96	31	건설업관련종사자	0.71
12	회계, 감사	0.94	32	세탁, 드라이클리닝업무	0.71
13	웨이터, 웨이터리스	0.94	33	우편배달부	0.68
14	정육업자	0.93	34	치위생사	0.68
15	소매업자	0.92	35	기계기술자	0.65
16	보험판매원	0.92	36	도서관사서	0.65
17	교통감시요원	0.90	37	시장조사전문가	0.61
18	제빵사	0.89	38	마사지치료사	0.54
19	버스기사	0.89	39	치과조무사	0.51
20	택시기사	0.89	40	법원속기사	0.50

인공지능에 의한 일자리 위험 확률

세무 사무소에서 사용하는 AI 프로그램은 더존비즈온의 〈스마트A(Smart A)〉는 각종 경영관리뿐만 아니라 세무신고까지 프로그램 내에서 해결할 수 있다. 보안과 안정적인 시스템이 뒷받침된다.

세무 사무소의 업무에 특화시킨 버전도 출시 가능한데 기장과 세무신고, 소통과 협업, 컨설팅, 문서업무, 수입관리, 고객지원서비스 등 모든 업무와 비즈니스를 해결해 주는 것이다.

일반인이 직접 세금 신고할 때 필요한 편리한 기능을 넣을 수 있다. 국세청 세금 신고사이트인 홈텍스(hometax.or.kr)에서는 지원되지 않는 부분을 서비스하면 인기를 끌 것이다.

예를 들면 원천세 신고 기간을 알려주는 기능, 안분 계산 등 용어도 어렵고 직접 하기엔 어려운 부분을 쉽게 안내해 준다면 인기를 끌 것이다.

법률 분야

법률 분야 직업도 사라질 직업에 꼽힌다.

인간의 판단이 필요하다는 의견과 판례 등의 데이터로 재판이 가능하다는 의견이 분분한데 결국 시간이 흐르고 빅데이터가 일상화 된다면 대부분의 법률 서비스는 충분히 인공지능으로 대체 가능하다.

현재도 판검사, 변호사들이 하던 법조 업무를 인공지능 빅데이터가 대체하고 있다.

2019년 8월 한국에서 열린 '알파로 경진대회(Alpha Law Competition)'가 있었다. 리걸 AI와 변호사 혼합팀과 변호사만으로 구성된 팀이 제한 시간 내에 근로계약서의 문제를 찾는 대결이었다.

예상대로 승리는 리걸 AI팀에게 돌아갔다. 승부를 가른 것은 문제를 읽고 분석하는 데 걸린 시간이었는데 인간 변호사는 문제를 읽는 데만 몇 분이 걸렸고 이를 분석하는 데 20~30분의 시간이 더 필요했다. 그러나 AI는 계약서 내용을 넣고 7초 만에 분석 결과를 내놓았다.

이러한 리걸테크 비즈니스는 크게 3가지가 있다.

첫째는 디지털화를 도와주는 기술이다.

종이 문서로 존재하던 데이터를 디저털화해주거나, 서로 다른 시스템 속에 저장된 데이터를 통합해주거나, 클라우드 저장매체에 설치해주는 기술들이다. 이러한 기술들은 변호사 사무실이 리걸테크 기업으로 변화하기 전에 필요한 최소 인프라를 구성해주는 것이다.

둘째는 지원 기술이다.

이 기술은 법조계 종사자들의 업무 효율성을 높여준다. 변호사, 검사 등에게 필요한 특정 기능을 따로 만들어 제공하기 때문이다.

예를 들어, 의뢰인 사건 관리 시스템을 만들어주고, 클릭 몇 번만으로 검색과 분류 저장을 한 눈에 보게 만드는 기술이다.

셋째는 실제 변호사를 도와주는 기술이다.

여기에 반복 업무를 알아서 자동화해주거나 계약서 구조나 초고 작성을 대신해주는 기술이다. 방대한 판결 정보를 분석하고 필요한 정보를 알아서 도출해내는 기술도 포함된다.

이 기술이 더 고도화되면 앞으로 변호사가 하는 일 대부분을 대체할 수 있을 것이다. 이 부분이 가장 인공지능이 고도화된 부분이며 앞으로 더욱 발전해 나갈 가능성이 큰 부분이다.

대표적인 회사로는 〈리걸줌〉이 있다. 〈리걸줌〉은 온라인 서비스를 통해 폭발적으로 성장했다.

유언장 작성, 상속재산 신탁, 저작권 및 상표권 관련 등록 등의 법률 서식 작성을 자동화된 시스템으로 제공한다.

미국의 평균 변호사 선임 비용이 1시간당 200~520달러라는 고비용인 것을 감안하면 한 달에 한 건만 이용한다고 하더라도 비용이 70~80%가 절감되는 셈이다(월 이용료 69~400달러). 변호사를 따로 둘 여력이 없는 개인이나 중소기업이 주요 고객이다.

법률 관련 스타트업이 총 투자받은 금액은 1조가 넘는다.

법률 분석 시스템

'노스포인트'가 AI 기술로 개발한 〈컴파스(Compass)〉는 법률 분석 시스템으로 사건을 분석하고 판결을 미리 예측해 의사결정의 판단자료로 활용할 수 있게 해준다.

〈컴파스〉는 법정에서 폭력 사범인 피고인의 재범 가능성을 분석하는 AI이다.

실제로 2013년 미국 대법원은 한 피고인의 항소에 〈컴파스〉가 제공한 분석에 기반하여 '검사가 중형을 구형한 것이 부당하다는 피고인의 항소에 대해 〈컴퍼스〉사의 보고서는 가치가 있는 정보를 제공했으며, 인공지능을 근거로 한 선고 역시 타당하다'고 판시함으로써 법률 영역에서의 AI의 활용 가능성을 인정하기도 했다.[15]

법률 분야는 사람의 모든 활동에 다 연관된다. 형사 뿐 아니라 민사나 특수한 분야에서도 법률적 상담이 필요한 분야는 아주 많다. 이 중에서 몇 가지 아이템만 소개하면 다음과 같다.

---

15) 자료출처 : BIZION

특허, 상표등록 진단 서비스

법률 중에서 변리사들이 하는 특허나 상표 관련 법률은 일반인이 접근하기에는 어렵고 많은 공부가 필요하다. 그러나 미리 공부를 많이 한 AI의 도움을 받는다면 상당히 편리할 것이다.

이 아이템은 전문가 뿐 아니라 이 분야를 모르는 일반인을 대상으로 하는 것이 좋다. 변리사들은 객관적인 더 정교한 AI의 도움을 받아 상담에 도움을 받으면 되고 일반인은 바로 상담을 받으면 된다.

상표의 경우 키프리스(kipris.or.kr)에서 검색하여 이미 등록된 상표를 확인할 수 있다. 그러나 내가 출원할 상표가 등록 가능성이 있는지는 나오지 않는다. 변리사에게 자문을 구해도 변리사도 예측만 할 뿐 정확하게 답변을 하지 못하고 변리사마다 제각각 의견이 다르다.

AI변리사는 수많은 등록과 거절 사례의 빅데이터 분석으로 보다 정확하게 이 업무를 수행할 수 있다.

아주 빠르게 상표 등록 가능성을 0.1%까지 안내해 준다면 상표를 등록하려는 수백만명의 잠재수요자들이 1건당 1만원 정도의 저렴한 가격으로 이용할 수 있을 것이다.

여기에 덧붙여 현재 네임과 도안을 어떻게 변형하면 등록 가능성이 더 높은지 알려주는 서비스도 소비자들이 원하는 서비스이다.

이혼 플래너 법률 서비스

인구구조 변화에서 사업아이템을 발견할 수 있다.

현재 저출산, 고령화, 여성 경제활동 증가, 1인가구 증가가 이루어지고 있는데 이혼율도 50% 정도 되고 있다. 결혼한 사람의 50%가 이혼

한다면 아주 많은 수치이다.

처음 해보는 결혼, 처음 해보는 이혼은 누군가의 도움을 받을 수 밖에 없다. 결혼 대행업체는 있는데 이혼 대행업체가 없으리라는 법은 없다.

이혼서류를 작성하는 간단한 것부터 이혼 사유 판단, 재산상속, 자녀 양육, 친권, 양육권, 위자료, 재산 축적 기여도 증거자료 등 법률적 해석과 구체적인 방법을 제시하는 가이드를 할 수 있다.

이혼에 대해 AI의 질문별로 소비자가 답변을 하면 AI 변호사가 수많은 사례를 학습하여 질문에 맞는 답변을 할 수 있다.

마케팅 분야

마케팅 분야는 데이터 마이닝을 가장 많이 활용하는 분야이다. 제품 개발부터, 시장조사, 프로모션 등 전 분야에 적절히 활용된다.

텔레마케터가 사라진 자리에 챗봇

통신서비스 판매원, 텔레마케터, 인터넷 판매원이 사라질 직업 상위권에 랭크되어 있다.

그 원인은 인공지능 챗봇이 상담원들을 밀어내기 때문이다. 점차적으로 치킨이나 피자 주문을 사람이 아닌 챗봇이 받게 될 것이다. 무인 점포가 대중화되면 매장 판매 종사자, 통신 판매 관련 종사자들의 일자리가 위험해질 것이다.

이런 사실로 보면 챗봇을 잘 만들면 사업의 기회가 생긴다.

국내 챗봇 시장은 2021년에 31억 7000만 달러(약 3조 5500억원)

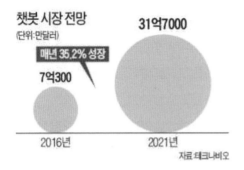

챗봇 시장 전망
(단위:만달러)

매년 35.2% 성장

7억300

31억7000

2016년   2021년

자료:테크나비오

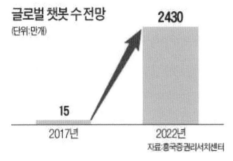

글로벌 챗봇 수전망
(단위:만개)

15   2430

2017년   2022년

자료:흥국증권리서치센터

로 예측된다.

글로벌 챗봇 수는 2022년에 2,430만개로 예측된다.

챗봇이 필요한 분야는 많다. 동네 모든 가게들이 필요로 할 것이다.

단순 상담이 필요한 세탁소, 배달 음식업체, 약국, 편의점, 마트 등 모든 업종이 해당된다.

간단한 고객 상담은 챗봇이 알아서 해줘 업무 효율이 크게 높아질 것이기 때문에 대중화 될 것이다.

마케팅 분석 플랫폼

빅데이터로 마케팅을 더 지능화할 수 있다. 기업은 더 이상 무모하게 지출하지 않고 마케팅 분석을 통해 효율적으로 지출할 것이다.

미국의 〈Interstate〉는 무료 마케팅 분석 및 어트 리뷰 션 플랫폼이다.

예측 모델링을 적용하여 기업이 효율적인 예산을 할당하고 적절한 고객을 대상으로 하여 비용을 절감할 수 있도록 지원한다. 또한 동적 마케팅 지출 데이터를 제공하고 교차 장치 추적 및 세계의 인기있는 앱과의 통합을 할 수 있다.

광고 리타게팅 사업

애드 리타게팅(Ad Retargeting)은 '광고를 다시 보낸다'는 뜻인데, 참신하고 새로운 발상이다.

예를 들어 어떤 사람이 쇼핑 사이트에 방문해서 구매를 하지는 않고 구경만 하고 떠나는 경우 (98%의 경우 그냥 떠난다고 한다), 나중에 그 사람이 페이스북이나 메일 등 다른 서비스를 이용할 때 브랜드와 상품을 보내서 재방문과 구매를 유도하는 것이다.

광고를 보낼 때 가장 중요한 것은, 광고를 보낼 가치가 있는 사람인지를 판단하는 것이다. 광고를 보낼 때마다 돈이 들기 때문이다. 얼마나 빠른 속도로 얼마나 정확히 타겟에 대해 파악하느냐가 애드 리타게팅 회사의 경쟁 우위이고, 그 분석은 '빅 데이터'의 영역에 속한다.

그러나 주의해야할 것이 있다. 민감한 정보를 이용해서 광고를 보낸다면 개인 정보 침해 소지가 있다. 캐나다에서는 이를 보다 엄격히 적용한다. 한 캐나다인이 수면 곤란(Sleep Apnea) 치료기를 판매하는 웹사이트를 방문한 후부터 구글에서 계속 관련된 광고가 뜨고 있다고 신고했고, 캐나다 정부는 개인 정보 보호법을 침해했다는 이유로 구글에 압박을 가하고 있다는 소식도 있다.

리타게팅 회사 〈텔어파트(TellApart)〉는 직원이 50명이며, 지난해 연 매출(run rate)이 $100M (1,100억원)을 넘었으며 흑자를 내고 있다고 발표했다. 직원 일인당 20억원의 매출을 올리는 셈이니, 그야말로 로켓쉽(Rocketship)이라고 할 수 있다.

이 회사의 고객은 명품 백화점 체인인 니만 마커스(Neiman Marcus), 안경과 선글래스의 역사를 새로 쓰고 있는 워비 파커(Warby Parker), 주방 용품 프렌차이즈인 서 라 테이블(Sur La Table) 등이

다.16)

시장조사 사업

사업계획서를 쓸 때 시장조사는 필수적이다. 시장조사는 시장 규모, 경쟁을 파악하고 분석하기 위한 중요한 정보이다. 이것은 실행 가능한 결론에 도달하기 위해 빅데이터를 이용하는 사업이 될 수 있다.

인터넷에서 자료를 일일이 손으로 찾고 분류하고 분석하려면 시간과 노력이 많이 필요하다. 그러나 빅데이터로 자료를 모으고 분석툴에 넣어 분석을 한다면 시간을 아주 적게 들이고 할 수 있다.

요즘 많은 회사들이 시장조사를 필요로 하기에 수요가 많을 것이다.

이 분야는 수동 시스템을 자동으로 바꾸고 분석을 프로그램으로 한 댓가를 받는 것이다.

무인 점포

사라질 직업으로 편의점 알바, 마트 계산원이 상위권에 있다.

이미 국내 대형 마트에는 계산원이 없고 자동화되어 있다.

무인 수퍼마켓 〈아마존 고(Amazon Go)〉는 2021년 3,000개 점포 오픈을 목표로 무섭게 뻗어나가고 있다. 유기농 식품 전문 〈마켓 홀푸드(Whole Foods)〉와의 합병으로 식품업에도 진출한 아마존은 2018년 1월 시애틀에 〈아마존 고〉 1호점을 오픈했다.

입장해서 물건을 결제하고 나오기까지 앱만 켜 둔다면 AI가 알아서 상품을 스캔하고 결제한다. 사려던 물건을 다시 빼는 일도 아마존 AI에겐 복잡한 계산이 아니다.

---

16) 자료 출처 : 조성문의 블로그 https://sungmooncho.com/2014/02/03/big-data-startups-2/

있는 것은 물건과 수백 대의 카메라 센서들 그리고 물건을 채워주는 스태프들만이 있다.

〈아마존고〉 어플을 다운로드하고 등록한 후 가게에 들어가기 전에 기계 앞에서 QR코드를 스캔만 하면 된다.

한국에서는 이제 도입 단계인데 가까운 미래에 확산될 것으로 예상되므로 이와 관련된 비즈니스를 준비해 보기 바란다.

모든 가게들이 무인으로 운영될 것으로 예측되는데 여기에 맞는 빅데이터 프로그램을 만들어 판매하는 사업을 하면 된다.

농업 분야

기타 사라질 직업으로는 농부도 있다. 정확히 말자면 농부라기보다는 농촌에서 노동력을 제공하는 인력을 말하는 것이 정확하다.

인공지능 자동화시스템으로 인력대체가 가능하니 농부라는 개념은 이제 일만 하는 육체노동자가 아니고 관리하고 경영하는 쪽으로 바뀔 것이다. '스마트팜'을 이용하면 장애인도 농업에 종사할 수 있을 것이다. 직업이 한정되어 있는 장애인에게 새로운 세상이 열리니 AI기술은 인류에게 도움이 되는 기술인 것이다.

'스마트팜'이란 비닐하우스·축사에 ICT[17]를 접목하여 원격·자동으로 작물과 가축의 생육환경을 적정하게 유지·관리할 수 있는 농장을 말한다.

2010년에 설립된 미국의 〈CropIn〉은 농업 부문에서 SaaS 모델을

---

17) ICT(Information and Communications Technologies)는 창조경제의 기반이다. 특히 최근에는 빅데이터, 모바일, 웨어러블이 새로운 화두가 되고 있다.

사용하여 가치를 실현시켰다.

〈CropIn〉은 농부들에게 재무 분석, 날씨 예측, 데이터 해석, 위성 모니터링, 위치 정보 태그 지정, AI, 빅 데이터 분석 등과 관련된 솔루션을 제공하고 있다. 그들의 목표는 모든 농장을 추적 가능하게 만드는 것이다.

날씨 분석

2018년 농림축산식품 공공 및 빅데이터 활용 창업경진대회에서 장관상을 받은 아이템이다.

활용 공공데이타는 스마트팜코리아, 농업기상정보서비스, 국가농작물병해충관리시스템, 흙토람 등이다.

주요 내용으로는 센서 장비를 활용하여 수집한 생장 환경 정보와 농업기상정보, 토양분석정보, 병해충 발생정보 등을 융복합하여 인공지능 기반 빅데이터 분석을 통한 병해방제 예측 서비스 및 작물환경 데이터 분석 서비스를 제공하는 앱이다.

날씨 보험

날씨가 안좋으면 보험금을 준다는 아이디어다. 이 아이디어로 데이빗은 날씨 정보를 수집한 후 자전거 대여점, 건축 회사, 스키 리조트,

여행사, 농부 등 날씨와 연관된 업종에게 영업을 시작했다.

평소에 일정액의 돈을 내다가, 매상에 큰 영향을 주는 안좋은 날씨가 닥치면 (너무 춥거나, 비가 오거나) 즉시 돈을 지급받게 된다는 아이디어였다.

그러나 영업 결과는 실망스러웠다. 날씨에 관심이 많은 것과 돈을 주고 보험과 비슷한 상품을 가입한다는 것은 차이가 있었다.

고생 끝에 그는 시장을 발견한다. 바로 아이오와(Iowa) 주의 농부들이다. 작은 기후 변화에도 그들의 농작물은 큰 영향을 받았고, 그들은 이미 보험에 가입해 있었으므로 이 상품을 곧바로 이해했다. 회사는 오직 농부들만 대상으로 하기로 하고 상품을 더욱 특화시켰다. 결과는 대성공이었다.

보험 상품과 비슷하지만, 한 가지 큰 차이점은, 이 회사는 보험과 달리 '보험금 신청'의 과정이 없다는 것이다.

회사가 미국 전역의 모든 기후 변화를 모니터링하다가, 이상 기후가 발견되면(일정 온도 이하로 내려가거나, 일정 습도 이상으로 올라가거나) 자동으로 가입자 통장으로 돈을 입금한다. 이 편리함이 많은 고객들의 공감을 샀다.

이 회사는 2013년 10월에 Monsanto에 $1.1B (1.2조원)의 매우 높은 가격에 인수되었고, 창업자 데이빗은 갑부가 되었다.[18]

참고로 국내 농식품 공공데이타를 활용하여 창업경진대회에서 수상한 아이템은 다음과 같다. 이를 응용하여 개선되거나 비슷한 서비스를 한다면 성공확율이 높을 것이다.

---

18) 출처 : https://sungmooncho.com/2014/02/03/big-data-startups-2/

농촌 구인 정보

활용 공공데이타는 농촌사랑본부 농장정보, 지역, 지역축제정보이다. 일손이 필요한 농촌와 농활을 경험해보고 싶은 사람들을 연결해주는 농촌 일자리 연계 플랫폼 모바일 앱 서비스이다.

병충해 정보

활용 공공데이터는 국가농작물병해충관리시스템, 농약정보서비스이다. 간편하게 병해충의 사진을 찍거나, 증상을 선택하여 입력하는 것만으로 인공지능 기반 머신러닝을 통해 식물 병해충에 대해 정확하게 진단 받고, 올바르고 다양한 치료법을 제공 받을 수 있는 모바일 웹서비스.

농촌 체험 정보

활용 공공데이터는 체험마을 캠핑장 및 체험프로그램 정보, 관광사업자 등록 캠핑장목록, 낙농체험 목장 정보, 전국승마장정보, 동네예보이다. 이 데이터로 농촌 체험이 가능한 곳을 일반인에게 서비스한다.

도매 정보

활용 공공데이터는 도매시장 일별 실시간 경락 가격 상세 정보이다. 주요 5대 채소류에 대한 전국 도매시장의 가격 현황과 트렌드를 가락시장, 관심 시장을 중심으로 비교할 수 있으며 딥러닝 예측 모델에 기반한 향후 3일, 3개월의 가격 예측정보를 제공하는 모바일 앱.

교육 분야

아이들을 가르치는 교사도 결국 미래에 사라질 직종으로 꼽히고 있다. 시험이나 정해진 교육 자료 전달은 AI가 더 정확하거나 빠르고 지치지 않기에 교체될 가능성이 높다.

사람 선생님은 직접 학생들을 가르치는 것이 아니고 더 나은 교육 자료를 만들거나 교육 방향을 개선하는 아이디어를 내는 역할을 할 것이다.

세분화된 온라인 학습 플랫폼

빅데이터를 교육 분야에 활용하면 많은 아이디어가 나온다. 학습 분석(Learning Analytics) 기술로 할 수 있는 것은 효과적인 학습 모델을 만들 수 있다.

학생의 성적, 행동, 성격, 취미, 장래희망 등 다양한 데이터를 입력받아 맞춤형 교육을 할 수 있다.

온라인 학습 플랫폼은 인터넷에서 기하급수적으로 증가하고 있다. 현재는 너무 많기에 틈새를 찾아 경쟁력 있는 사업 아이템을 찾는 것이 중요하다

장애아동 전문 학습

학습장애 아동이나 학업으로 어려움을 겪는 아동을 대상으로 하는 것이다. 유형별로 이들과 관련된 자료를 입력받아 이들이 필요한 것을 분류하고 가공한다. 특수교육과 전공자의 도움을 받아 전문적인 특수교육을 집에서도 가능하도록 한다.

국내에만 국한한다면 작은 시장이지만 전세계를 대상으로 한다면 해당 인구가 아주 많을 것이다.

가급적 언어장벽이 없는 분야나 방향으로 개발하면 글로벌 사업으로 알맞다.

학습 동기 부여, 휴학자 관리

중간에 휴학이나 중도 포기가 많은 방송통신대에서는 빅데이터를 활용하여 중단한 제적생과 학업 중단 가능성이 높은 휴학생 및 재학습자를 선별해 학업 지속을 위한 동기 부여와 성취감 향상을 위해 정보를 제공하고 있다.

대면 활동이 적어 유대관계가 느슨한 사이버대나 학원의 온라인 강좌에서도 적용할 수 있을 것이다. 또한 해외를 대상으로 학습 사이트를 만들 때 거리감을 줄이기 위해 이런 프로그램이 필요하다.

개별 담당 선생님을 AI로 만들어 학생 개개인의 사정을 파악하고 적절하게 상담해 준다면 만족도가 높고 개별적인 관리가 힘든 상황에서 적절히 대처할 수 있을 것이다.

또한 다양하게 흩어져 있는 학습 정보를 수집, 분류, 통합하여 최적화된 맞춤형 학습 콘텐츠를 제공할 수 있다.

말하는 책상

빅데이터를 활용하여 새로운 미래 발명품으로 '말하는 책상'을 만들 수 있다. 책상의 일부분에 인공지능을 넣어 학생과 대화를 하며 공부를 할 수 있다.

공부 내용은 물론이고 정신적 멘토 역할도 하여 지치고 힘들 때 격

려도 해주고 친구처럼 고민도 들어주고 대화를 한다면 요즘처럼 외로운 시절에 훌륭한 동반자가 될 수 있다.

입력 내용은 어떤 것이든 상관 없다. 취미, 영화, 책리뷰, 진로, 성교육 등 재미있는 내용을 넣어 책상과 대화하면서 책상에 앉을 수 있는 시간을 늘려주는 역할을 하는 콘텐츠를 만드는 것이다.

바이올린을 연주하거나 미래예측을 토론하거나 영화 이야기를 책상과 한다면 얼마나 멋진 일일까?

전공을 선택할 때도 인공지능 책상이 객관적인 데이터를 통해 책상 주인의 성향을 알고 추천해 준다.

요즘은 무엇을 하고 싶은지 모르는 학생들이 많다. 그런데 책상 주인보다 책상이 더 잘 알고 제시해 준다면 명쾌한 해답을 얻을 수 있을 것이다.

그리고 공부의 슬럼프 시기를 알려준다. 공부를 시작한 시간과 마치는 시간의 데이터를 쌓아 분석하여 공부 속도를 알 수 있고 개인의 성향과 심리상태까지 알 수 있다.

1 : 1 맞춤교육

현재 한국 뿐 아니라 대다수의 나라에서는 개별적인 교육이 아니고 집단교육이다. 개인의 특성이나 개성을 고려하지 않고 단체로 일방적인 교육을 하고 있다. 그러니 천재들도 많이 박재되고 있다.

가장 바람직한 교육은 개인별 맞춤교육이다. 이것을 빅데이터로 실현할 수 있다.

1 : 1 맞춤 교육은 천재를 만들어낼 수 있는 교육이다. 똑같은 동영상을 수십만명이 보는 것이 아니라 개인의 정보를 모두 입력하거나 공

부 패턴, 댓글 등을 분석하여 로그인 한 개인의 특성에 맞는 학습 내용을 제공하는 것이다.

앞으로는 개별 맞춤 교육이 더욱 확대될 것이다. 맞춤 교육은 개인의 컨디션까지 관리할 수 있다. 눈동자 센서나 마우스 동작 등을 통해 사용자의 기분이나 상태를 파악하여 적절히 대응할 수 있다.

세계를 하나로

교실의 물리적 경계를 허무는 것이다. 언어의 장벽도 번역 기술로 허물 수 있다.

배우고 싶은 과목을 회원 중 누군가 올리면 AI가 질적으로 검증하여 승인을 하여 누구나 보고 들을 수 있게 하는 아이디어다.

이 아이템은 언어의 장벽을 넘는 것이 중요하므로 번역 기술을 더 정교하게 만들어야 할 것이다. 혹은 각 나라별로 계약을 맺어 해당언어 번역은 그 나라 지사장이 자체 기술로 개발해도 된다.

외국어 개인교수

현재 LG CNS가 AI 기반 영어 교육 서비스 〈AI튜터〉를 서비스하고 있다. 〈AI튜터〉는 수십만개의 영어 문장을 학습한 AI와 함께 스마트폰으로 영어 회화 공부를 할 수 있는 비대면 외국어 학습 서비스다. AI가 영어로 질문하면 사용자가 힌트를 보며 대답하는 방법이다.

이를 활용하여 일본어, 중국어 등 제2외국어 개인교수를 만들 수 있다.

한국은 입시를 위한 단순 주입식 영어교육 시장이 주류를 이룬다. 그러나 영어권 학생들의 학습 방식과 패턴이 필요한 소비자도 많다.

빅데이터를 토대로 비영어권 학생들의 영어학습을 그대로 적용한다면 실용적이고 미국에 가지 않고도 미국식 영어를 배울 수 있을 것이다.

〈르네상스러닝〉이 그런 서비스를 한다. 빅데이터를 활용한 원서 독서 기본으로 영어학습 훈련을 한다.

영어교육에서 컨셉이 중요한데 입시용 교육이 아니라 새로운 컨셉을 찾는 것이 주요하다. '실제로 쓸 수 있는' 컨셉의 영어가 한국인에게 필요한 것이다.

또한 빅데이터를 활용하면 강사 입장에서 기출문제를 빠르고 정확하게 분석하고 강의의 방향을 잡을 수 있다.

의료 분야

의료 분야 AI 프로그램에는 AI 진단, 로봇 지원 수술, 가상 간호사, 복용량 오류 감소 등이 포함된다. 이러한 프로그램들은 2026년까지 의료 경제를 위해 연간 1,500억 달러를 절감할 것으로 예상된다.

〈Remedy Health〉의 AI 플랫폼은 의사가 아닌 직원이 화상 인터뷰를 통해 숨겨진 만성 질환을 발견할 수 있는 임상 지식을 제공한다. 꼭 의사에게 직접 방문하지 않아도 되기 때문에 신속한 진단이 가능하다.

〈Sensely〉는 자연스러운 아바타 사용자 인터페이스를 활용하여 보험 회원에게 조언 및 서비스와 지능적으로 제공한다. 인간 특유의 공감성을 대화에 접목하였기에 보험 회사는 이 프로그램을 활용하여 회원과의 대화를 할 수 있다.

〈InformAI〉는 진료단계에서 의료 진단을 가속화하고 방사선 전문의의 생산성을 향상시키는 제품에 의료에 중점을 둔 AI 회사이다.

〈InformAI〉의 AI 지원 이미지 분류기 및 환자 결과 예측기는 세계 최대의 의료 센터 단지와 의사 그룹 및 의료 영상 회사들과 함께 개발되었다.

〈Owkin〉은 생명 과학과 기계 학습 전문 지식을 결합하여 약물 개발 및 임상 시험 설계를 보다 효율적으로 만든다.

〈Owkin〉의 기계 학습 알고리즘은 질병 진화 및 치료 결과를 예측하는 모델을 만들고 이러한 예측 모델은 분석, 환자 분류, 환자 하위 그룹 식별에 사용된다. 이 회사의 목표는 더 낮은 비용으로 더 나은 치료법을 더 빨리 발견하는 것이다.

원격 환자 모니터링

〈Biofourmis-Biofourmis〉는 AI, 머신 러닝, 실시간 모니터링을 결합하여 원격 환자 모니터링을 하는 글로벌 디지털 건강 기술 스타트업이다.

이 플랫폼은 환자의 건강 상태를 예측하는 개인화된 패턴을 감지할 수 있으며 건강 악화의 주요 지표를 찾을 수 있다.

〈Biovitals〉 플랫폼은 맞춤형 건강 모델이다. 인간 생리학을 기반으로 가장 정교한 생리학적 데이터 분석 엔진 중 하나로서, 고도로 최적화 되어 있다. 급성이 일어난 후 환자 모니터링 솔루션과 환자 건강 악화가 발생하기 전에 정확하게 예측한다.

연결된 장치와 바이오 센서를 사용하여 생리적 신호를 포착하고 이상을 감지한다. 이 AI 지원 연속 모니터링 플랫폼은 의료 전문가에게 중요한 사건이 발생하기 며칠 전에 주의깊게 살펴보기를 경고한다.

〈RhythmAnalytics™〉 플랫폼은 최근 AI 기반의 심장 부정맥 자동 해석에 대한 FDA 승인을 받았다. 이 스타트 업은 2019년 5월 21일에 6회에 걸쳐 총 4160만 달러의 자금을 조달했다.

약사 업무 확대 서비스

처방전대로 약을 조제해주는 것은 어쩌면 단순한 일이다. 이것은 조제 로봇 시스템이 충분히 할 수 있는 일이다.

하지만 약사, 라는 직업은 완전히 사라지지 않을 것이다. 사람은 사람에게 약을 사는 것을 좋아하지 기계가 주는 약은 불안감이 있을 것이다.

AI로 인해 약사의 업무가 줄어들어 보조인력을 감축할 수 있다.

약국에서 하는 일은 약제조와 약을 파는 단순한 일 뿐 아니라 건강관리, 건강상담 등으로 업무를 고급화 시키면 된다.

이것을 기회로 AI 빅데이터 사업 아이템도 생긴다. 바로 건강과 약에 대한 정보를 수집하여 약사나 일반인에게 제공해 주는 것이다.

건강상담 챗봇이나 스마트 상담사를 만드는 것이다.

시력검사로 심장 질환 진단

구글의 바이오테크 자회사인 〈베릴리〉의 연구진이 기계학습(ML)을 사용해 눈 검사로 심장질환 위험을 평가할 수 있는 새로운 방법을 발견했다(Poplin, Ryan, et al. "Prediction of cardiovascular risk factors from retinal fundus photographs via deep learning." Nature Biomedical Engineering 2.3 (2018): 158).

시력검사 데이터를 분석해 조사 대상자의 나이, 혈압, 흡연 여부 같은 데이터를 정확하게 추론할 수 있으며, 이를 통해 심장 마비와 같은 주요 심장질환의 위험을 예측할 수 있다는 것이다.

논문의 실험결과를 보면 사람 의사보다 더욱 높은 진단 정확도를 자랑한다. 베릴리 연구진은 약 30만 명의 환자 의료 데이터를 분석해 모델을 구축했다. 30만개에 이르는 데이터는 각 병원들에서 구입하였다.

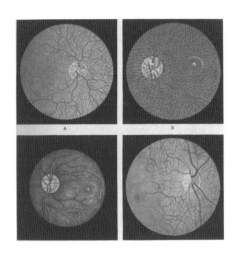

논문 사진 자료 일부

헬스 케어 부문

인체의 여러 측면을 추적, 분석 및 집계할 수 있기 때문에 이 부문은 빅 데이터에서 가장 중요한 분야 중 하나로 자리매김하고 있다.

그러나 모든 것이 의료 시설 내에서 발생하는 것은 아니며 환자 모니터링이 성장잠재력이 훨씬 더 크다. (Sentrian, Ginger.io).

또한 이 분야에는 인간 게놈 시퀀싱(Illumina)[19]과 아기의 건강 발달을 미리 제공하는 기술(Counsyl)이라는 독특한 스타트 업도 있다.

소아마비 예방 접종의 영향을 분석하기 위해 〈AYASDI〉와 〈Sumall.org〉 사이에 합작 회사도 있다.

이 분야에는 특히 웨어러블(Conversa Health)과 결합할 때 유망한 아이디어가 많이 있다.

데이터 분석 서비스

모든 온라인 비즈니스는 경쟁 업체가 사이버 공간에서 어떻게 영업하는지 알고 싶어한다. 이것을 힌트로 웹 사이트의 데이터를 분석할 수 있는 서비스를 아웃소싱할 수 있다. 이 데이터에는 방문자의 지리적 위치, 가장 많이 본 제품, 방문자에서 고객으로의 전환율, 운영 비용 등이 포함된다.

데이터 분석에 능숙한 기술자라면 이 분야에서 스타트 업을 시작하면 좋다. 데이터 분석 서비스 스타트 업은 항상 녹색 기업이 될 것이다.

오디오 비디오 분석 서비스

지금은 영상과 소리의 시대이다. 영상을 다 보지 않고도 영상의 내용을 분석하여 키워드를 뽑아낼 수 있다면 편리할 것이다.

---

19) 인간 DNA의 염기가 어떤 순서로 늘어서 있는지 분석해 제공하는 서비스.

이 서비스는 콜 센터, 오디오 데이터 세트 및 미디어 센터, 교통 사고기록 조회, 수사기관에서 매우 유용하게 쓸 수 있다.

〈DeepGram〉은 오디오/비디오 스트림을 자동으로 분석하고 분류하는 AI 모델을 만들었다.

오디오를 반복적으로 중지/일시중지할 필요없이 필요한 키워드를 자동으로 찾을 수 있다. 또한 딥 러닝 알고리즘을 사용하여 음성을 텍스트로 추출하여 하나씩 확인해야 하는 번거로움을 줄였다.

영상을 다 보지도 듣지도 않고 대본을 알 수 있다면 어떤 분야에 쓰이면 좋을지는 독자가 직접 생각해 볼 몫이다.

패션 트렌드 분석 및 예측

패션 산업은 본질적으로 매우 변화무쌍하고 예측이 어렵다. 소매업자들은 빠른 유행과 수요의 빈번한 변화를 함부로 예측하는 것이 위험하고 어렵다고 생각한다.

어려워하는 부분에서 사업의 기회가 있다. 여기서 '패션 트렌드 분석 및 예측'이라는 새로운 비즈니스를 발견할 수 있다.

트렌드와 변화를 정확하게 예측할 수 있는 강력한 솔루션은 패션 소매상들이 생산과 재고량을 최적화하고 변화에 대비하여 준비를 하는데 필요하고 유용하다.

데이터 수집은 새로운 트렌드를 예측하는 패션 블로그 등 관련 인터넷 플랫폼에서 꾸준히 집계하여 이해할 수 있는 예측 분석 시스템을 만들면 된다.

고용을 위한 예측 분석 솔루션

고용은 대기업과 중소기업 모두에게 중요한 부분이다. 적합한 대상자를 채용하는 것은 까다로운 일이며 많은 실수가 일어난다. 만약 신입사원을 잘못 뽑았다면 인사부에 책임을 묻게 된다.

빅데이터와 예측 분석에 효과가 있는 HR 솔루션을 만들면 이 문제를 해결할 수 있고, 채용과 관련하여 잘못된 비용을 절감할 수 있다.

웹에서 지원자에 대한 모든 가용 데이터를 제공받아 추출해야 하며 예측 분석 시스템은 주어진 조직/직업 프로필에 대해 지원자의 숙련도를 평가하고 귀중한 정보를 조직에 제공할 수 있어야 한다.

전문가에게 필요한 뉴스 서비스

미디어 애그리게이터(aggregator)[20] 플랫폼이다.

일반 뉴스는 검색 포털에서 키워드로 검색해 최신 뉴스를 찾을 수 있다. 그러나 학계 연구자나 기자, 업계 뉴스 등 전문적인 뉴스를 실시간으로 얻으려는 사람들은 어떻게 해야 할까? 이들을 타겟으로 하면 차별화가 된다.

전문적인 정보만 보여주는 플랫폼을 만든다면 편의성이 높아 많은 사람들이 이용할 것이다. 즉 AI가 뉴스의 질을 미리 평가하여 전문적인 내용만 보여줌으로써 일일이 읽고 판단하는 사람의 시간과 노력을 덜어주는 것이다.

이것은 뉴스를 분류해 주는 서비스인데 이런 개념으로 여러가지 다양하게 세분화된 사업으로 접근할 수 있다.

---

20) 여러 회사의 상품이나 서비스에 대한 정보를 모아 하나의 웹사이트에서 제공하는 인터넷 회사·사이트

예를 들면 논문자료를 검색하여 논문을 AI가 다 읽고 요약해 주거나 여러 논문을 비교해 주는 서비스도 가능하다.

미디어에서 중요한 키워드를 모니터링하는 이러한 솔루션은 사용자가 단기간 내에 보고서를 작성하는 데 도움이 될 것이다.

AI 기자

신문기자가 점점 사라지고 있다. 현재 전세계 60%가 인공지능 기술로 작성한 기사이다. 그러나 사람 기자는 완전히 사라지지 않을 것이다. 발로 뛰는 기자와 인공지능 기자가 공존할 것이다.

신문기사는 6하 원칙에 의해 객관적으로 작성되기에 문학작품과 달라 기본틀에 맞추면 자동으로 작성이 가능하다.

인공지능 기자가 대체할 수 있는 분야는 단순 사실을 전달하는 날씨, 스포츠경기 요약 기사가 있는데 장점은 몇 초만에 빠르게 작성한다는 점이다. 미국 노스웨스턴대학교에서 개발한 〈스탯 몽키〉가 여기에 해당한다.

〈헬리오그래프(Heliograf)〉도 스포츠 기사를 작성하는 로봇 기자인데 미국 워싱턴포스트가 2016 리우데자네이루 하계올림픽 기간에 투입한 경력이 있다.

조금 더 정교하게 만들면 금융 사건, 비즈니스, 정치에 응용할 수 있다. 〈워드스미스(Wordsmith)〉는 2014년부터 수익보고서를 작성하는 로봇기자인데 활동하고 나서 전 해보다 기사가 기존 개수보다 10배로 늘어났다. 그만큼 일을 많이 할 수 있다는 것이다.

〈워드스미스〉는 데이터를 입력하면 분석해서 이해하기 쉬운 문장으로 자동 변환하여 여러 분야에서 활동하고 있다.

〈드림라이터(Dreamwriter)〉는 중국의 〈텐센트〉가 2015년부터 고용한 로봇기자이다. 수치 분석, 중국 경제 동향, 전문가의 전망을 작성하여 사람 못지 않은 실력을 발휘했다.

AI 기자는 기사를 어떻게 취재할까?

위에 소개된 AI기자는 인간이 데이터를 입력해 주어야 한다. 그러나 다른 방법은 없을까?

바로 인간이 하기 어렵거나 시간이 많이 걸리는 것을 대신하는 것이다.

AI가 인터넷을 돌아다니며 모은 사실을 기사화하는 방법이 있다. 중요한 것은 재편집이다.

〈MSN뉴스〉는 자체적으로 기사를 만들지 않고 계약된 신문사의 기사중 골라 제목만 다시 써서 내보내는 일을 AI가 하고 있다.

또 다른 방법으로 사람들이 잘 보지 않는 구석구석을 돌아다니며 특이한 사건을 자세히 쓰는 것이다. 인간이 하기에는 시간과 노력이 많이 들고 할 수 없는 일이다.

데이터마이닝 기술로 수많은 데이터에서 의미를 찾아내고 사람이 보지 못하는 기사가 될만한 내용을 찾아낼 수 있다. 마치 바닷가에서 잃어버린 보석을 찾는 것과 같은 일을 하는 것이다. 마구 섞여있는 정보를 체계적으로 분류하고, 조건에 맞는 정보를 찾아준다면 새로운 기자가 탄생되는 것이다.

기자는 1명도 없는데 가입자는 6억 명인 인공지능 신문사가 있다.

바로 중국의 뉴스앱 〈터우탸오〉이다. 하루 평균 이용자 수는 1억명, 기업 가치는 110억 달러(약 12조원) 이상으로 평가받고 있다.

〈터우탸오〉는 인공지능 기술로 맞춤형 뉴스를 제공한다. 기본적으로 구독자의 성별, 연령, 직업, 관심사 등을 고려하는 것은 물론이고 QQ 나 웨이보 등 중국의 SNS와 연동하여 독자의 취향을 분석해 맞춤형 뉴스를 제공한다.

〈터우탸오〉는 역발상으로 성공했다. 기사의 배치를 기존과 다르게 한 것이다.

기존 미디어들은 언론사들의 뉴스를 상단에 배치하고 블로그나 1인 미디어 콘텐츠들은 하단에 배치하지만, 〈터우탸오〉는 이런 관행아닌 관행을 무시하고 사용자가 좋아하는 콘텐츠들을 상단에 배치했다.

사용자가 〈터우탸오〉에서 많은 뉴스를 읽을수록 더 똑똑해진다. 인공지능이 계속 학습하여 더 정교하게 분석하는 것이다.

인공지능 기술은 다른 사이트에서 다 사용하는 기술인데 사용자의 생각을 정확하게 분석하여 콘텐츠 배열을 다르게 했기 때문에 5년 만에 중국 미디어 시장을 장악한 것이다.

음식 분야

AI 요리사

요리사는 사실 극한 직업이다. 뜨거운 불 앞에서 하루종일 일한다는 것은 해보지 않은 사람은 상상이 되지 않는다. 요리사들의 손을 보면 뜨거운 불에 노출되어 피부가 다 벗겨지고 변형되었다. 무거운 조리도구를 하루종일 들어야 하기에 손가락이 아프고 뼈가 변형이 온다.

미디어가 '요리사', 라는 직업을 '셰프', 라는 영어를 써가며 고급스럽게 포장하고 인기 직업으로 만들어 놓았지만 거품이 많이 껴있다.

요즘 먹방(먹는 방송)이 유행이라 몇몇 요리사가 스타가 되어 이 직업에 대한 환상을 갖고 있지만 스타 요리사들은 극소수에 불과하고 그들은 이미 요리사가 아니다. 그들은 기획자이거나 사업가이거나 방송인이지 직접 하루종일 요리를 하지 않는다.

극한 직업인 요리사도 빠르게 AI로 대체될 것이다. 극한 직업이기에 오히려 AI로 대체가 필수적이 되고 바람직한 것이다.

요리 중에서 레시피가 간단하고 규격화된 메뉴부터 자동화된다. 이미 스시나 라면 종류는 많이 로봇이 만든다.

여기서 기회를 만드는 방법은 단순함을 넘어 고객의 요구사항을 세밀하게 들어주어 '나만의 셰프' 서비스를 하는 것이다.

누군가 나만을 위해 나의 요구대로 만들어 주는 요리를 먹는 것은 현대인의 로망이다. 이것을 실현시키는 방법은 어렵지 않다.

다양한 맛의 선택사항을 넣어 결정하면 AI는 어렵지 않게 수행한다. 들어가는 양념이나 재료를 선택할 수 있도록 하고 맵고, 짜고, 달고의 강도를 세밀하게 소비자가 직접 요리하는 것처럼 조절할 수 있다면 대히트를 칠 것이다.

하지만 사람은 기억력이 한계가 있기에 이런 세밀한 서비스를 하지 못한다. 여기에 대화 장치도 만들어 마치 사람이 만들어주는 느낌으로 서비스하면 되는 것이다.

빅데이터 활용 창업 아이템(해외)

스마트 토이

아이들의 장난감이 AI와 만나 점차 똑똑해지고 있다.

사업 방법은 직접 장남감을 만들 수도 있고 기존의 장남감 회사에 프로그램을 납품할 수도 있다.

개선된 문제 해결을 위한 장난감은 로봇, 회로판, 컴퓨터 키트의 형태로 나온다.

로봇과 대화를 할 수 있는 완구. 대화가 가능하고 성격이 진화하는 인공지능 감성 인형, 스마트한 기능이 탑재된 인형의 집 등 디지털 기술과 융합된 신개념 완구다.

스마트 토이 시장은 크게 성장할 것으로 예측된다. 아직 국내 시장은 50억원 정도 수준에 그치고 있지만, 성장 가능성이 높다.

미니어쳐 로봇

현재 나온 상품은 스마트폰 애플리케이션으로 조종하는 미니어쳐 로봇이 있다. 이 로봇은 굴러다니고 스스로 균형을 잡을 수 있다. 손목에 착용하는 액세서리로 손목의 움직임만으로도 로봇을 조종하는 것이 가능하다.

큰 로봇에 들어가는 기술과 같은 기술을 사용하고 단지 크기만 작게 단순한 기능을 넣으면 아이들 장남감이 된다.

교육용 코딩로봇

미국의 〈원더워크숍〉이 개발한 교육용 코딩 로봇인 〈대시앤닷〉. 태

블릿PC나 스마트폰 앱으로 동작 명령이 입력된 여러 버튼을 이어 붙이면 로봇이 그에 맞춰 움직인다.

명령어 버튼을 배합하는 능력을 키울 수 있어 상상력과 논리력을 키우는데 좋다.

`러닝리소스`의 〈코드앤고 로봇마우스〉는 유아에서부터 초등학교 고학년까지 코딩을 배울 수 있도록 개발한 제품으로 60개의 코딩카드로 로봇 쥐가 움직일 수 있도록 코딩할 수 있다.

레고는 스마트폰 앱으로 명령어를 입력하면 말을 할 수 있는 〈부스트〉 시리즈를 출시한다.

마텔은 바비가 사는 집인 〈드림 하우스〉에 스마트홈 시스템을 적용하고 바비 인형을 위한 드론까지 출시한다.

자동차 분야

〈RAVIN〉은 렌터카 회사이다. 이 회사는 AI, 기계 학습 및 교통 모니터링 카메라를 사용하여 차량의 현재 상태를 분석하는 데 사용되는 지속적인 실시간 데이터 스트림을 수집한다. 그리고 차량 소유주 및 사용자 자동차 판매 네트워크에 투명하게 이를 제공한다.

기계 학습은 차량 상태의 이상을 평가하고 즉시 보고하는 데 사용된다. 이러한 시스템으로 모니터링되는 모든 차량의 상태에서 신뢰와 투명성의 수준을 높일 수 있다.

〈RAVIN〉은 1회에 걸쳐 총 4백만 달러의 자금을 투자받았다.

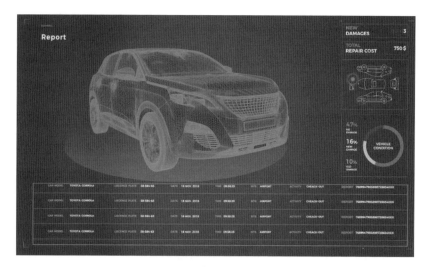

RAVIN 리포트 화면 일부

예술, 문학 분야

많은 기업들이 인공지능 빅데이터를 예술, 문학에 적용하려고 하고 있다.

예를 들어 자동으로 작곡을 한다던가 소설이나 시를 쓴다. 심지어 그림을 그리기도 한다.

그러나 창조적인 분야는 인간이 가장 잘 하는 분야로 인공지능은 보조적인 역할을 할 것이다. 아이디어는 인간이 내고 이를 입력하면 인공지능이 이를 바탕으로 나머지를 처리하는 방식이 될 것이다.

음악 부문

2012년 7월, 런던 교향악단(London Symphony Orchestra)은 '심연 속으로(Transits-Into an Abyss)'이라는 곡을 연주했다. 지난 190

4년부터 활동을 시작한 런던 교향악단은 오랜 역사와 전통을 이어오며 연주 실력을 꾸준히 높여온 끝에, 현재는 전세계에서 유명한 관현악단 중 하나로 손꼽히고 있다. 이런 세계적 수준의 오케스트라가 순전히 기계가 만든 곡을 연주하며 세간의 주목을 받았다.

영국 런던에 위치한 〈에이바(Aiva)〉는 AI 작곡 기업으로 유명하다. 엔비디아(NVIDIA)의 GTC 2017에서 키노트 오프닝에 등장한 음악을 작곡하는 등 유명 기술 기업과 협력하면서 그 이름을 알리기 시작했다. 물론 에이바가 작곡을 담당해도 오케스트레이션(orchestration)이나 배열, 제작에는 인간 전문가가 개입한다.

〈에이바〉의 기술은 강화학습(reinforcement learning) 기법을 활용하는 딥러닝 알고리즘에 기초한다. 강화학습에서 현재 상태에서 특정 행동을 취했을 때 받을 수 있는 보상의 합을 구하는 함수인 Q-함수를 구하는 데 딥러닝을 활용한다.

〈Amper〉는 몇 년 동안 AI 음악 생성 서비스를 제공해 왔으며, 리얼리티 TV 스타 Taryn Southern이 그녀의 데뷔 앨범에 〈Amper〉를 적용한 덕분에 홍보효과를 누려 시장에서 가장 잘 알려진 플랫폼 중 하나이다. 매우 사용자 친화적이며, 라이선스가 없는 맞춤형 음악 제작을 도와준다.

녹음에서 완전한 믹스에 이르기까지 자신의 아이디어를 사용하여 〈Amper〉를 사용하여 아이디어를 세분화하고 원하는 스타일, 리듬 및 음악 형식을 구축 할 수 있다.

〈Evoke〉는 음악적 배경이 없어도 사용할 수 있다. 생성 도구에 키워드를 입력하기만 하면 방대한 음악데이터 속에서 자동으로 생성하여 자신만의 음악을 만들 수 있다. 곡 생성에 대한 로열티도 없어 개인이

동영상에 업로드할 음악을 생성하기에 안성맞춤이다.

문학 작품

일본에서 AI가 쓴 A4 용지 3페이지 분량의 단편소설로 2016년 니혼게이자이 신문이 주최한 일본의 호시 신이치 문학상 1차 심사를 통과했다.

일본 공립 하코다테 미래대 마쓰바라 진 교수팀은 2012년 'AI 소설 프로젝트'를 시작했다. 인공지능은 일본 SF소설가 호시 신이치의 소설 1천여 편을 학습했다.

연구팀은 인공지능 프로젝트팀이 여러 단어 구성과 등장인물 성별 등을 사전에 설정해 놓은 상태에서 '언제', '어떤 날씨에', '무엇을 하고 있다' 같은 6하 원칙의 요소를 포함하게 했다. 인공지능은 이에 맞은 단어로 문장을 만든다.

중국에서는 인공지능이 쓴 시집이 출판됐다. 마이크로소프트는 2014년 중국에서 〈샤오이스'(Xiaoice)〉를 개발했다. 인공지능 시인 〈샤오이스〉는 1920년대 이후 중국 시인 519명의 시를 공부한 후, 1만 편이 넘는 시를 지었다. 이중 139편을 골라 2017년 시집 '햇살은 유리창을 잃고'(Sunshine Misses Windows)를 펴냈다.

시집은 10개의 장으로 구성돼 있고 고독, 기대, 기쁨 등 사람의 감정이 담아있다.[21]

엘론머스크의 지원을 받는 OpenAI 연구소는 가짜 뉴스에서 시에

---

21) 세계미래보고서 2018

이르기까지 텍스트를 생성하는 AI 시스템을 만들었다. 어떤 경우에는 실제로 사람이 쓴 것처럼 들린다.

앞으로 이러한 케이스들은 더욱 더 많이 나올 것이다. 거대 데이터를 지니고 있고 이를 활용할 수 있는 컴퓨팅 장비를 갖춘 대형기관들이 성능 좋은 모델을 생산해낼 것이다.

국가별 인공지능 빅데이터 산업 특징

국가별 인공지능 빅데이터 산업이 어떠한지 살펴보면 각 국가별 필요한 사업아이템을 선정하고 해당 아이템으로 도전해볼 수 있을 것이다.

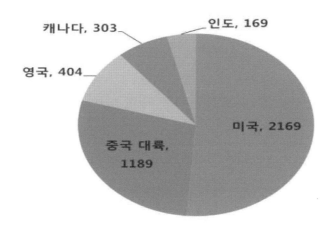

2019년 전 세계 인공지능 관련기업 수

(단위: 개)

캐나다, 303

인도, 169

영국, 404

미국, 2169

중국 대륙, 1189

중국신통원, 선전무역관 자료 일부

미국

미국은 세계 10대 인공지능 기업에서 8개를 차지하는 등 AI 분야에 선제적으로 대응해 세계 최고의 경쟁력을 보유한 것으로 인정받고 있다. 특히 실리콘밸리에 집중되어 있다.

Forbes에서는 2019년 9월 미국에서 유망한 50개의 AI 스타트업을 선정하였는데 그 중 절반 이상인 27개가 실리콘밸리에 소재하고 있다.

시장조사업체 Tractica에 따르면 2017년 16억 달러 규모의 GPU와 같은 AI 가속기 시장이 2025년에는 663억 달러에 이를 것으로 예상하는데 Intel, Xilinx, nVIDIA 등 칩셋 개발기업들의 대부분이 미국 기업이다.

Google, Intel, nVIDIA, Facebook, Amazon, Netflix 등 인공지능 IT 대기업들도 역시 미국 기업이다.

미국은 세계에서 인공지능 기반 최첨단 신기술을 선도하는 국가이다. 그만큼 부가가치가 높고 따라서 성공하게 되면 그에 대한 보상도 상당하다.

넷플릭스의 주가는 10년전에 비해 40배 상승했으며 아마존의 기업 가치는 2조 달러를 돌파하였다. 한국의 대기업들이 50년 이상 유지한 전통적인 대기업인데 반해 미국의 인공지능 기반 IT 회사들은 불과 20년 안팎의 역사를 지니고 있을 뿐이다. 당연히 20여년 전에 회사를 키운 젊은 IT 창업주들은 엄청난 돈방석에 앉았다.

중국

중국은 정부의 적극적인 지원 아래 가장 빠르게 성장하는 국가이다. 중국 인공지능산업은 2015년 이후 연평균 약 54.6% 성장률을 보이며 빠르게 성장하고 있다.

중국신통원(信通院)에 따르면 2015년 약 112억 위안에 불과했던 산업 규모는 2018년 약 415억 위안으로 성장하였다.

중국신통원(信通院)이 발표한 전국 인공지능 산업 데이터보고(全球人工智能产业数据报告)에 따르면, 2019년 3월 기준 전 세계에는 5,386개 인공지능 관련 기업이 활동하고 있으며 이 중 중국에 1,189개 기업이 소재하고 있다고 밝혔다.

기업 가치가 10억 달러 이상인 비상장 기업인 유니콘기업도 17개나 있다. 대부분 사물인터넷, 자율주행, 스마트의료와 관련된 기업들이다.

반면에 주의해야 할 점도 있다. 중국 투자가들은 중국 시장에서 성공할 수 있는 유망기업에 대한 투자를 선호하기 때문에 외국기업의 현지화를 무엇보다 중요시한다. 따라서 중국 시장에 적합한 사업모델을 준비하는 것이 중요하다.

중국 정부 정책에 대한 이해도 필요하다. 중국 정부는 매체, 검색엔진 등의 분야에서 규제를 강화하고 있다. 따라서 민감한 정보를 다루는 분야로의 진출은 추천하지 않는다.

또한 인공지능 관련 산업의 경우 빅데이터 분석이 필요한 경우가 많아 중국 지방정부 혹은 중국기업과 협력을 하는 것이 중요하다. 데이터에 대한 규제가 심해서 협력을 하지 않고서는 빅데이터를 확보하기가 쉽지 않다.

영국

'유럽의 AI수도'로 불리는 영국은 유럽 AI 스타트업 수의 1/3에 해당하는 약 500개의 AI스타트업이 있으며, 특히 마케팅, 고객서비스 영역과 헬스케어, 금융 분야에서의 두드러지고 있다.

영국 AI 스타트업은 유럽 주요국에 비해 압도적으로 많은 투자를 유치하고 있다. 영국 AI 스타트업에 대한 투자는 2018년에 약 13억 달러를 기록하였다.[22]

'영국판 실리콘밸리' 테크시티에는 구글·아마존·인텔 등 글로벌 기업과 수천개의 스타트업이 모여있다. 테크시티는 2010년 시작된 정부지원과 민간 투자에 AI 인재들이 몰리는 곳이 됐다. 미국 실리콘밸리, 뉴욕과 함께 세계 3대 기술 창업기업 클러스터로 꼽히기도 한다.

테크시티와 AI 스타트업들은 영국 정부의 적극적인 지원을 등에 업고 급성장했다. 테크시티는 카메론 총리가 2010년 육성계획을 발표한 뒤 빠르게 성장했다.

영국 정부는 테크시티 성공에 육성계획을 전국으로 확대했다. 2013년 테크네이션이라는 시스템을 출범시키면서 영국 전역에 디지털혁명 거점을 만들었다. 구글 딥마인드의 창업자 데미스 허사비스가 탄생한 지역도 바로 이곳이다.

영국 AI 산업의 발전은 기업과 인재를 끌어모으는 정부의 정책이 바탕이 됐다. 영국 정부는 비자 발급 기준 등에서 규제를 완화해 기술인재를 끌어오고, 창업기업 성장 프로그램을 통해 전 세계 인재와 창업·다국적 기업을 모으고 있다.

---

22) 영국 AI 스타트업 현황과 서비스 사례 - 한국무역협회

창업 초중반 시기에는 전문가·창업자간 네트워크를 구축하고 멘토링을 제공한다. 성장 궤도에 오른 기업에게는 출구 전략에 도움을 준다.

캐나다

2018년 엘리먼트 AI에 따르면 캐나다의 AI 인력 순위는 미국 1만 2,027명, 영국 2,130명, 캐나다 1,431명으로 3위이며, 매년 신규 해외인재 유치 및 전문 인력 육성에 따라 증가 추세를 보이고 있다.

특히 캐나다는 토론토·몬트리올·에드먼턴을 중심으로 AI 관련 신생 기업, 연구원과 학생들이 세계 최고로 밀집되어 있으며, 글로벌 AI 도시로 평가받고 있다.

그 중 토론토 대학교는 AI 딥러닝 분야의 세계적인 석학 3인방으로 꼽히는 Geoffrey Hinton 명예교수의 모교이다. 힌튼 교수는 인공신경망 연구를 상용화시킨 장본인이다.

vanishing gradient problem, overfitting 문제로 인해서 과거에 딥러닝은 사실상 망해가고 있는 연구분야 중에 하나였다. 하지만 2006년 힌튼 교수가 발표한 논문으로 인해 다시금 딥러닝이 학계의 주목을 받았고 2012년 이미지 인식 대회에서 초대박을 터뜨리며 입지전적인 인물이 되었다.

또한 캐나다에는 구글, 페이스북이 캐나다에 AI 연구소를 설립한 바 있으며, 우리나라의 삼성전자와 LG전자도 토론토에 AI 연구소를 개소한 바 있다.

캐나다 투자청에 따르면 글로벌 기업들이 캐나다 내 AI 연구에 투자하는 규모가 15억달러(약 1조6000억원, 2018년 기준)에 달한다.

퀘벡주 몬트리올은 `딥러닝` 분야에서 가장 많은 연구 인력이 모여 있고, 토론토에는 AI 스타트업이 150개 이상으로 파악돼 집중도가 세계 1위라고 캐나다 투자청은 집계했다.

아마존은 2018년 캐나다 밴쿠버에 있는 `알렉사` 연구소를 확대·개편했고 전문인력 3000명을 신규로 채용했다.

우버는 토론토에 있는 연구시설에 2억달러를 추가로 투자해 자율주행차와 글로벌 수송망을 연구하겠다고 발표했고, 애플은 자율주행자 개발 연구소를 오타와에 설립했다.

캐나다는 미국 못지않게 최첨단 인공지능 기술개발의 선두주자에 있다.

특히 미국이 반이민 분위기가 고조되고 취업비자 발급이 어려워지면서 캐나다로 발길을 옮기는 IT 인력이 늘어나고 있다. 또한 미국에 비해 상대적으로 물가도 저렴하기 때문에 미국에 대한 차선책으로 캐나다를 고려해보는 것도 좋은 방법이다.

9장

사업 성장 동력 방안

9장.
사업 성장 동력 방안

기술 개발

기술 개발은 내가 주도적으로 했다. 다만 기술 개발에 앞서서 사전에 필요한 기획은 동료들이 많이 도와주었다. 기술이 아무리 뛰어나다고 해도 고객의 니즈에 맞는 기술이 아니라면 사실상 사업 아이템으로서 아무런 가치가 없다.

따라서 고객의 니즈가 있는 기술과 고객이 사용하기 편한 기능 및 화면 기획이 필요하다.

이런 것을 알기 위해서는 많이 읽고 많이 돌아다녀 볼 수 밖에 없다. 관련 책, 신문, 잡지, 논문을 많이 읽고 실제 고객들과 자주 미팅을 하며 대화를 해야 한다. 이 부분은 시간상 내가 할 수 없는 부분이었기에 동료가 대부분 해주었다.

기술 개발할 아이템이 정해지고 세부 기능 및 화면 기획까지 완료되면 기술 개발에 들어가야 한다. 내부에 기술 개발자에 있으면 내부 개발자로 개발을 진행하면 되지만 그렇지 않을 경우에는 보통 외주 용역을 통해 개발을 진행한다.

외주 용역과 내부 개발자를 통해 개발을 진행하는 선택지에는 각각 장단점이 존재한다. 우선 외주 용역을 이용하게 되면 상대적으로 다수의 비슷한 프로젝트를 진행한 경험이 있는 회사가 팀단위로 개발에 착수하기 때문에 빠르게 프로토타입을 생성할 수 있다.

보통 2~3개월이면 최초 출시할 수 있는 개발품이 생성된다. 또한 디자인 측면에서도 보편적으로 쓰이는 깔끔한 디자인으로 만들어주기 때문에 큰 무리가 없다.

반면에 단점도 존재한다. 일반적으로 내부 개발자를 통해 개발을 하는 것보다 총 비용이 더 많이 든다. 또한 개발의 특성상 프로토타입 개발 이후에도 지속적으로 수정이 필요할 수 있는데 이 때에도 일일이 수정비용을 청구받을 가능성이 크다.

지속적인 커뮤니케이션도 중요하다. 돈 주었다고 알아서 외주개발사가 다 해줄거라고 안심해서는 안 된다. 지속적으로 전화, 대면 미팅을 통해 개발 방향을 체크하고 의논해야 한다. 이때에도 아무래도 내부 개발자처럼 사내에 함께 있는게 아니다 보니 실시간 커뮤니케이션이 잘 안될 수 있다.

다시 한 번 말하지만 외주 용역사를 선정하고 개발 비용을 지불했다고 알아서 다 해준다고 안심해서는 절대 안 된다. 외주 용역을 맡겼어도 함께 일을 한다는 마음가짐으로 수시로 미팅하고 체크해야 한다. 나는 IT에 대해서 잘 모른다고 상대방이 알아서 다 해주겠지, 하고 맡겨버리면 이후에 크게 후회할 수 있다.

내부 개발자를 통해 개발을 하게 되면 우선 장점은 외주 용역에 비해서 총 개발 단가를 줄일 수 있다. 또한 함께 근무를 하기 때문에 실시간으로 커뮤니케이션도 용이하다.

반면에 단점도 존재한다. 우선 스타트업의 특성상 이사급 대우를 해주거나 연봉을 엄청 우대해주지 않는 이상 실력 있는 개발자를 영입하기 어렵다. 따라서 초중급 개발자들과 개발을 해야하기 때문에 개발 기간도 오래 걸릴 수 있고 중간 개발과정에서 우여곡절을 겪을 수도 있다.

내가 생각하는 가장 베스트는 대표 또는 이사급에 핵심 기술자가 있어서 초기부터 내부 개발자를 활용하거나 그게 안 된다면 초기 프로토타입은 외주용역을 통해 빠르게 개발하고 이후 고도화작업은 내부 개발자를 고용하는 것이다.

특히 AI 빅데이터 관련 솔루션은 단순 개발과 달리 데이터 분석 알고리즘이 접목되기 때문에 더욱 어려운 작업이다.

외주 용역을 맡긴다고 하더라도 외주용역사가 할 수 있는 능력을 넘어서는 경우가 많다. 외주용역사 입장에서도 다수의 프로젝트를 동시에 빠르게 진행해야 하기 때문에 고도화되는 연구개발이 필요한 AI, 딥러닝, 빅데이터 알고리즘 관련해서는 잘 받지 않으려 한다. 따라서 핵심 내부 개발자가 꼭 필요한 부분이다.

영업 및 마케팅 방안

솔루션은 B2B 또는 B2C로 나뉠 수 있다. 쉽게 말해서 고객이 기업이냐 일반 소비자이냐에 따라 나뉠 수 있는 부분이다.

　B2C 시장은 한번 시장을 장악하면 독점 효과를 누릴 수 있어 기하급수적으로 커진다는 장점이 있다.

　빅데이터를 활용한 B2C 솔루션은 대표적으로 〈다이닝코드〉가 있다. 수백만 사용자의 리뷰를 분석하여 맛집을 추천해주고 있다. 분석시에 맛집의 인사이트, 유저의 형태, 광고 또는 스팸 요소를 빅데이터 알고리즘 기술로 자동 파악하여 신뢰할 수 있는 정보를 제공해준다.

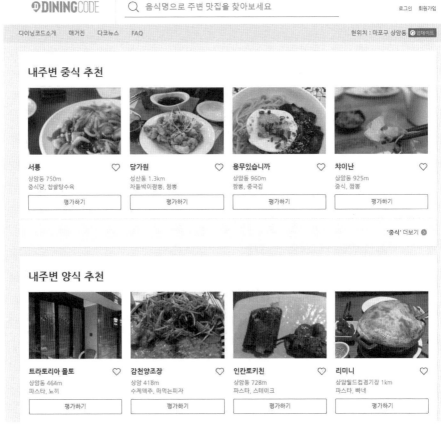

다이닝코드 화면 일부

현재는 꽤 큰 기업으로 성장했지만 성장하기 전까지 마땅한 수익 모델이 없어 외부 투자로 계속해서 연명해왔다.

나는 현재 B2C 시장을 염두에 두는 솔루션은 거의 하고 있지 않다. 대신에 B2B 시장을 염두에 두는 솔루션을 제작하고 영업 및 마케팅을 하고 있기에 B2B 솔루션을 중점에 두고 글을 쓰겠다.

B2B는 고객이 결국 기업이기 때문에 고객 기업의 대표를 어떻게 설득하느냐에 승패가 달려있다. 내가 생각하는 고객들을 설득하기 위한 가장 유용한 방법은 그들과 인간적으로 친해지기이다. 언뜻 보기에는 알고리즘 성능이나 기능이 중요한게 아닐까 하고 생각할 수 있지만 이는 기본이고 나머지는 대표와의 개인적 친분 관계에 의해 영업이 이루어지는 경우가 많다.

정말 기술적으로 압도적으로 좋은 솔루션이 아닌 이상 유사한 솔루션이 단 한 개도 없을 수는 없다. 물론 기술적으로 획기적으로 세계 유일한 솔루션을 만들었다면 굳이 크게 영업을 안 해도 될 것이다. 가만히 있어도 저절로 고객들이 줄을 설 것이다.

그러나 그렇지 않으면 나와 유사한 경쟁 솔루션이 즐비하고 있다는 사실을 염두에 두어야 한다.

또한 B2B 솔루션 특성상 한번 도입하고 끝이 아니라 지속적으로 피드백을 주고 받으면서 유지보수 및 고도화가 필요한 경우가 많다. 따라서 고객과의 커뮤니케이션이 매우 중요하기에 고객 기업의 대표도 본인과 친하고 커뮤니케이션이 잘 되는 회사의 솔루션 구입을 선호한다. 당연히 솔루션의 기술력은 기본으로 어느 정도 뒷받침된다는 가정 아래이다.

그렇다고 처음에 아무것도 없는데서 '맨땅에 헤딩' 할 수는 없는 노릇이다. 어느 정도 주변에 영업을 할 수 있는 고객리스트를 확보하고 그들과 적어도 한두 번 식사는 해놓아야 한다. 그래서 처음 접선이 중요하다.

나는 대부분 온라인 상에서 먼저 접선을 했다. 구글 키워드, 네이버 키워드 광고를 적절히 활용하면 관련 검색어로 검색했을 때 노출이 된다.

키워드 광고비에 큰 지출이 필요하지는 않다. 월 30~100만원 정도만 광고비로 사용해도 충분하다. 온라인상의 내 정보 또는 회사 홈페이지를 통해 연락을 받으면 우선 만나자고 하고 점심식사 시간을 이용해서 간단히 대면 미팅을 하였다.

점심시간을 이용하는 이유는 어차피 점심 식사는 모든 사람들이 매일 해야 하기에 약속 잡기가 편하고 식사시간이 1시간~1시간 30분 정도이기 때문에 지나치게 많은 시간을 할애하지 않아도 되기 때문이다. 저녁 식사를 같이 하게 되면 술자리가 펼쳐지고 지나치게 시간이 길어질 수 있기에 주의해야 한다. 그렇게 술자리를 해서 영업으로 이어지면 다행이지만 술자리만 하고 끝날 수도 있기 때문이다.

이렇게 일단 친분을 확보해놓으면 이후에 다시 연락이 올 수 있다. 확률상으로는 50% 정도 되는 것 같다. 다시 연락이 와서 본격적으로 함께 프로젝트를 의논하자는 말이 나오면 이제 일을 시작하면 되는 것이다.

기존 고객들과 친분을 잘 쌓아놓으면 이후에 다시 다른 일로 연락이 오거나 다른 고객들을 추천해주기도 한다. 친분을 잘 쌓는 방법은 간단하다. 자주 연락하면 된다. 아무래도 자주 안부를 묻고 자주 만나고 같이 놀아야 마음이 더 가기 마련이다.

무슨 이유가 없어도 메시지로 안부를 묻거나 식사 같이 하자고 연락을 해야 한다. 상대가 당신을 편하게 여길수록 더 많은 일을 맡길 확률이 높아진다.

그렇다고 꼭 상대방을 돈으로 생각하고 억지로 연락해서는 안 된다. 무리하게 돈을 벌기 위한 영업의 일환으로 자꾸 연락하면 오히려 반감을 살 뿐이다. 자연스럽게 친해지고 인간적으로 사업적 마인드를 배울 수 있는 기회라고 생각하며 연락해야 한다. 그렇게 인간적으로 자연스럽게 친해졌을 때 이런저런 일을 받고 소개도 받을 수 있다.

성장을 위해 중요한 포인트

성장을 위해 중요한 것은 단언컨대 지속적인 공부라고 말할 수 있다.

특히 IT는 새로운 기술이 6개월만 지나도 진부해지는 엄청나게 변화가 빠른 곳이다. 따라서 계속 공부를 해야 한다. 어차피 일은 직원들이 다 한다고 생각하고 대표 본인은 공부 자체를 안 하는 회사들도 꽤 있긴 하다. 물론 대표는 항상 바쁘고 할 일이 많아서 어느 정도 이해가 가긴 하다. 그렇지만 그렇다고 아예 배움을 포기해버리면 결국 한계에 다다를 수 밖에 없다. 적어도 어느 정도 트렌드를 읽을 수 있을 정도의 따라가는 지식 정도는 계속해서 습득해야 한다.

최신 트렌드를 따라가기 위한 공부법으로는 학회 및 세미나 참석, 논문 읽기, 신문 구독 등이 있다. 계속해서 새로운 최신 정보를 듣고 읽고 공부해야 한다.

영업, 대외 발표, 정부 지원 사업, 앞으로의 사업 방향 등 모든 일을 진두지휘하는게 대표의 역할이다. 대표가 아무것도 모르면 선장 잃은 배와 같다.

직원들이 적극적으로 먼저 회사의 미래와 방향을 생각하는 경우가 있을까?

거의 없을 것이다. 직원들은 대표 및 이사진들의 결정과 방향을 믿고 따르는 것이다. 만약 대표가 방향을 잃고 이리저리 헤맨다면 직원들도 이를 눈치채고 회사를 떠날 것이다.

공부를 위해서 하루의 일정 시간을 떼어놓고 매일매일 관련 최신 기사, 논문, 책을 읽어야 한다. 또한 같은 분야의 사람들과 정기적으로 스터디를 한다던가 학회나 세미나에 참석하는 것도 좋은 방법이다. 단 1년만 공부를 멈추어도 이미 예전에 배운 것들은 구식이 되어 있고 경쟁자들 그 정도는 할 수 있게 되어 회사 경쟁력을 잃을 것이다.

대표가 새로운 것을 계속 공부하고 이를 회사에 접목하거나 직원들도 함께 공부할 수 있도록 북돋아주어야 한다.

국내에서 IT 스타트업으로 성공한 대표적인 기업인 토스의 (주)비바리퍼블리카를 예로 들어보자.

이승건 대표는 서울대 치대를 나온 대형병원 치과 의사 엘리트 출신이다. 이러한 꽃길을 버리고 그는 2013년 창업을 선택했다. 치과의사를 그만두고 창업할 때 부모와 주변인들이 3개월 넘게 설득했지만 결국 비바리퍼블리카를 창업한 것으로 알려졌다. 공중보건의 소집해제 바로 다음날 사업자등록증을 냈다고 한다. 창업의 이유는 지속적인 성장과 도전을 하고 싶어서였다. 또한 기술 혁신을 통해 세계를 더 낫게 만드는 일을 하고 싶다는 확신도 마음속에 생겼기 때문이다.

토스의 누적 투자유치 금액은 약 3천억 원에 이르게 됐다. 토스는 2018년 12월 클라이너파킨스 등 글로벌 벤처캐피탈로부터 8천만 달러(947억 원)의 투자를 유치하며 기업가치 10억 달러 이상의 스타트업을 뜻하는 '유니콘 기업' 반열에 이미 들어섰다.

창업 초기에 팀원들과 함께 '고스트 프로토콜'이라는 이름의 사업발굴 작업을 거쳤다. 팀원들이 서울 각지에 흩어져 사흘간 사람들의 삶을 관찰한 뒤 일상에서 사람들이 필요로 하는 것을 찾아냈다. 100개의 아이템을 발견해 그 중 6개를 실행에 옮겼으나 앞선 5개는 성공을 거두지 못했고 여섯 번째로 시도한 간편 결제서비스 토스가 마침내 결실을 맺었다.

현실에 안주하지 않는 도전정신, 빠른 결단력, 실패에 주저하지 않은 끈질김, 사람들이 필요로 하는 최신 트렌드에 민감한 변화적응력이 기업 가치 1조 이상 유니콘 기업을 탄생시킨 이승건 대표의 성공 이유라 생각된다.

10장

정부 정책은 두드려야 열린다

10장.
정부 정책은 두드려야 열린다

편중되는 정부 예산

2019년 7월 4일 한국을 방문한 손정의 소프트뱅크 회장은 문재인 대통령이 한국이 4차 산업혁명을 선도하기 위해서는 무엇에 집중해야 할지 물었을 때 다음과 같이 답했다.

"앞으로 한국이 집중해야 할 것은 첫째도 인공지능(AI), 둘째도 인공지능, 셋째도 인공지능이다."

IMF 외환위기를 겪고 있던 1998년 2월 김대중 당시 대통령 당선인을 만난 손정의 회장은 "첫째도, 둘째도, 셋째도 브로드밴드(초고속 인터넷망)"라고 조언했었다.

지금 대한민국은 그 조언을 받아들인 결과를 향유하고 있다. 전 세계에서 가장 빠른 초고속망을 가진 국민, IT 강국이라는 평가를 얻게 됐다.

21년이 지난 뒤 다시 청와대를 가게 된 손 회장이 이번에 강조한 것은 AI였다. 물론 손정의 회장이 조언하기 전부터 정부는 AI 빅데이터 사업에 대해 심혈을 기울여왔다.

정부의 '4차 산업혁명 선도인재 집중양성 계획'을 살펴보면 다음과 같다. 정책을 알면 비즈니스 기회가 보인다.

전략1 : 데이터 가치 사슬 전주기 활성화

양질의 데이터 축적 및 개방 확대

공공·민간의 분야별(교통, 금융, 에너지 등) 데이터 구축 및 개방을 위해 빅데이터플랫폼(10개 예정) 및 센터(100개 예정)를 구축한다(2019년, 743억).

2019년에 플랫폼 및 센터는 컨소시엄 등의 형태로 공모·선정하고, 산학연관간 빅데이터 네트워크 협의회를 구성·운영하여 협력을 공고화한다. 이어 기 구축된 각 플랫폼 및 센터 간에 연계, 고도화(2021년)를 추진하고, 2023년까지 전체 플랫폼에 대한 통합, 연계를 추진하기로 했다.

연구데이터 공유·활용 체계 구축

정부 지원 R&D 과정에서 축적되는 연구데이터의 체계적 관리 및 공유·활용을 위해 국가연구데이터플랫폼(KISTI 주축)을 구축(2019년~)하기로 했다. 바이오, 미래소재, 대형연구장비 등 데이터 집약형 분야에서 연계체계를 구축(2019~2021)하고, 기 구축 플랫폼의 고도화를 추진(~2023년)한다.

공공데이터 개방 및 효율적 관리

공공데이터 전수조사를 토대로 데이터맵을 구축(2019년)하고, 수요가 높은 데이터(안전, 신산업 등)를 국가 중점데이터로 지정·개방(~2023년)한다. 이어 공공데이터 통합관리를 위한 범정부 데이터플랫폼 구축 및 고도화(~2023년)를 추진하기로 했다.

양질의 데이터 구매·활용 지원

중소·벤처기업 대상으로 혁신서비스 창출을 위해 데이터 구매 및 가공비용을 집중 지원(2019년, 1,640개→2023년, 8,000개(누적))한다. 데이터 보유기업과 데이터 가공 전문기업을 심사하여 데이터 판매·가공기업 풀(Pool)을 구성하고, 분야별 수요기업과 매칭을 지원(2019 ~ 2023년)한다.

정보 주체 중심의 데이터 활용사업 확대 (마이데이터)

대국민 활용성이 높은 분야(금융·통신 등)에서 본인 동의하에 개인데이터의 활용을 지원하는 마이데이터 활용사업을 확대(2019년, 97억)한다. 금융 분야 등은 정보 주체의 적극적 권리 행사에 따른 데이터 활용이 가능하도록 마이데이터 사업의 제도화를 추진(2019년)한다.

혁신서비스 창출 위한 중소기업 활용 지원

전통 중소기업의 빅데이터 활용을 지원하기 위하여 빅데이터 전문기업의 컨설팅·분석 지원 사업을 지역별로 확대 추진(2019~2023년)한다. 제조현장에서 수집되는 데이터를 기업 간 공유하여 공정간 리드타임 단축, 설계 최적화, 오류 최소화 등 제조공정 혁신을 지원(2019년~)하기로 했다.

사회문제 해결을 위한 플래그십 사업 확대

빅데이터 분석을 통해 사회현안 해결 및 생산성 향상에 기여할 수 있는 선도 시범 서비스 사업 확대를 추진(2019년, 60억)한다.

전략2 : 세계적 수준의 인공지능(AI) 생태계 조성

대규모 AI 데이터 축적 및 개방

민간수요 중심으로 기계학습용 범용 데이터(이미지, 말뭉치, 상식 등), 산업별 특화데이터(법률, 금융 등)를 단계적으로 구축, 개방(2019년, 200억)한다.

우수 AI 알고리즘 발굴·개발 지원

연구자간 자율경쟁 기반의 도전적·창의적 문제 해결의 장으로 누구나 참여 가능한 개방형 온라인 플랫폼((가칭) Challenge.kr)을 구축(2019년, 50억)한다. 또 우수한 AI 알고리즘을 개발하는 중소·벤처기업에게는 서비스로 이어질 수 있도록 AI 사업화 비용을 지원(2019년 20개→2023년까지 180개)한다.

컴퓨팅 자원 제공

AI 연구 및 AI 제품. 서비스 개발에 필요한 자원을 스타트업·중소기업에게 AI 개발에 특화된 형태로 지원(2019년 200개사(60억) → 2023년까지 1650개사)한다.

또 대량의 AI 데이터 처리를 위해 클라우드 기반의 GPU 자원을 기업에게 지원(기업당 20teraFlOPS)하고, 슈퍼컴 5호기도 연계 지원을 추진한다.

차세대 AI 핵심기술 확보

알고리즘(딥러닝 진화) 한계를 극복하기 위해, 강화학습 AI, 공정한 AI 프레임워크 등 차세대 AI 기술 개발을 신규 추진하고, 미국, 유럽 등 해외 선도국과의 국제공동연구를 강화한다.

또 대규모 데이터 병렬처리 등 AI 데이터 처리에 최적화된 반도체, 양자컴퓨팅 시스템 등 인공지능 개발 관련 투자를 확대(2019년~)한다. AI를 활용하여 인간 뇌의 원리를 규명하고 이를 차세대 알고리즘 개발 등에 활용하는 뇌과학 연구를 추진한다.

AI R&D 챌린지 확대

SW-HW 융합 및 복합지능 등 고난이도 차세대 AI 핵심기술 개발을 위해 AI R&D 챌린지 확대·개편(2019년 84억 원)한다.

인공지능 브레인랩 조성

인공지능 산학협력이 활성화된 지역 거점대학 중심으로 권역별 AI 융합연구센터 지정·운영(2019년 2개소 내외→~2022년 5개소로 확대)을 추진한다. 랩당 최대 7년간(3+4년) 지원하고 전략산업에 접목한 분야를 집중 지원한다.

AI 전문기업 육성

AI 전문기업을 대상으로 산업응용 분야별 특화 데이터를 활용한 AI 기술개발 집중 지원(2019년 7개 → 지속 확대)을 추진한다. 이를 위해 스타트업·중소·벤처 기업 중 AI기반 제품·서비스 개발·사업화 추진 기업 대상 자유 공모(2019년 26.25억원/연간 7개 과제 지원/최대 2년간 지원 예정)를 추진한다.
또 해외 AI 선도기업과 창의적 아이디어를 보유한 국내 AI 중소벤처 기업 간의 협력 프로젝트 '글로벌 AI 100'을 선정·지원(2023년까지 100개) 사업을 추진한다.

전략3 : 데이터, 인공지능 융합 촉진

인공지능 융합 클러스터 조성

데이터·AI 관련 기업-대학-연구소간에 유기적인 연계·협력 활동을 촉진하고 시너지를 창출하는 인공지능 융합 클러스터 조성을 추진(2020년~)한다.

과기특성화대학 등 AI 연구 역량을 갖춘 대학과 지자체 등을 중심으로 데이터·AI 기반 지역 주력산업과 연계하여 신사업을 창출하는 창업 단지를 조성한다.

또 지역 주력산업의 데이터를 실시간 수집·축적하고 이를 통해 혁신적인 AI 제품·서비스를 개발하는 스타트업 육성 지원사업을 펼친다. 바이오, 화학, 기계 등 분야별 연구데이터를 생산하는 출연연과 AI 관련 연구소·기업을 연계하기로 했다.

사회적·산업적 수요 확산

국가정보화사업(2018년 4.2조원 규모(시스템 3.2조원))을 데이터·AI 융합 기반의 지능화 사업으로 전환(2018 : 21.4%→2022 : 35%)한다. 기존 주력산업 경쟁력 제고 및 신 시장 창출 등 산업구조 고도화를 위한 'AI + X' 플래그십 프로젝트를 추진(2019년: 의료·치안, 2020년: 안전)한다.

또 공공지원 사업에서 생산된 데이터를 기계학습용 데이터로 전환하기 위해 분야별 수집·가공 가이드라인을 마련하기로 했다.

지능정보화 촉진을 위한 법제도 정비

데이터와 AI 중심의 지능정보기술이 국가시스템, 산업, 사회 전반에 혁신적인 변화를 촉발하도록 국가정보화 기본법, 전자정부법을 전면 개정(2019년)한다. 이를 통해 4차 산업혁명 범정부 추진체계 확립, 지능정보 기술기반 및 산업생태계 강화, 데이터 이동권 보장 등 제도화, 지능형정부 추진체계 마련, 인공지능 기반 자동화 행정효력 근거 및 지능형 전자정부 시범사업 추진 등 제도화 기반을 마련한다.

데이터 이용제도 개선을 위해 가명처리 정의, 가명 정보 안전조치 의무 등이 포함된 개인정보보호법 시행령도 개정(2019년)한다.

융합 가속화를 위한 전문인력 양성

청년 대상 일자리 연계 빅데이터 전문교육, AI대학원 신설, 해외 유명연구소·기업·대학 등과 공동 프로젝트 등 추진하고, 비학위 과정으로 설립·운영되는 이노베이션 아카데미를 통해 데이터·AI 분야 프로젝트 기반 자율적 문제해결 인재 양성에 나선다.

엄청나지 않은가?

정부 예산의 대부분이 AI 빅데이터에 편중된 거와 같을 정도로 엄청난 양의 정부 사업이 이 부문에 집중되어 있다.

정부 예산이 집중되면 이에 따라 창업지원금도 늘어날 것이다. 또한 기업들의 매출도 증대되고 당연히 관련 전문 인력에 대한 수요도 대폭 증가할 것이다.

AI 빅데이터 창업에 도움이 되는 정부 정책들

이전 장들에서 간간히 말했지만 최근에는 창업시에 정부를 통해 지원금을 받을 수 있는 종류가 너무나 다양하다.

특히 AI나 빅데이터를 활용하며 받을 수 있는 확률이 훨씬 커지기 때문에 꼭 정부지원금을 도전해보길 바란다.

사업자등록을 한 이력이 없는 예비창업패키지는 일반분야와 특화분야로 나뉜다. 일반분야는 말 그대로 특정 업종(임대업, 유흥업 등)을 제외한 전 분야가 지원 가능하다.

반면에 특화 분야는 혁신적인 기술 창업 소재가 있는 예비창업자들이 지원할 수 있는 분야이다.

AI, 빅데이터를 비롯한 스마트시티, 5G, 드론, 사물인터넷, 핀테크, 자율주행 등 첨단 업종이면 모두 지원할 수 있는데 모두 데이터를 통해 연동되기에 AI 빅데이터와 맞물리는 업종이라고 할 수 있다. 따라서 특화 분야는 AI 빅데이터를 활용한 창업이면 지원하기가 굉장히 편하다. 당연히 일반 분야에 비해 경쟁률도 적을 것으로 예상된다.

예비창업 패키지는 매년 3~4월에 신청받으며 K-Startup 웹사이트를 통해 지원 가능하다.

□ **모집규모 : 600명 내외(최종선정자 기준)**

모집분야	주관기관	지원규모(명)
인공지능	광주과학기술원	40
지능형반도체, 5G	구미전자정보기술원	25
스마트시티	스마트도시협회	70
자율주행	한국도로공사	10
O2O, 사물인터넷	한국발명진흥회	25
스마트헬스케어	한국보건산업진흥원	50
신재생에너지	한국세라믹기술원	20
스마트팜, 드론	한국임업진흥원	20
빅데이터	한국정보화진흥원	25
첨단소재, 3D프린팅	한국탄소융합기술원	20
빅데이터, 클라우드	한국특허정보원	25
스마트공장, 블록체인	한국표준협회	25
핀테크	한국핀테크지원센터	20
스마트관광	한국관광공사	25
소셜벤처	벤처기업협회	100
여성	한국여성벤처협회	100

2020년 예비창업패키지 특화분야 모집규모

사업자를 낸 이후에 지원 받을 수 있는 사업은 초기창업패키지와 청년사관학교인데 최대 1억 지원받을 수 있다.

주의해야할 점은 1억 모두 지원받는게 아니라 30% 정도는 자비 부담을 해야 한다. 즉 1억을 받기 위해서는 30%인 3천만원 가량은 기업이 부담을 해야한다. 자비 부담은 현금+현물로 할 수 있다. 현물은 대표자 월급으로 계상할 수 있다. 즉 대표자가 월급을 안 받고 그 항목을 자비 부담 현물로 대체하는 것이다.

초기창업패키지의 경우 주관기관별로 모집한다.

주관기관은 각 지역별 주요 대학교들이 주로 담당한다. 따라서 자교 출신이 우대 받을거라 생각하고 자교 대학교로 지원하는 경우도 있는데 이는 근거 없는 내용이다.

다만 창업자의 사무실 위치가 주관기관 권역 내에 있어야 선정될 확률이 높아지니 그 점만 참조하면 될 듯하다.

주관기관별 선정 규모의 70% 이상은 해당 권역 내 소재 창업기업으로 선발한다. 그리고 주관기관별로 특화유형이 있는데 만약 하려는 사업이 주관기관 특화유형과 맞는다면 더 유리할 수 있다. 이 부분은 주관기관별로 확인해보아야 한다.

청년사관학교의 경우 단순히 지원금을 제공해주는 것 이외에 실제 수업을 듣고 학점을 채워야하며 1대1로 코치가 붙어서 사업진행상황을 함께 공유하며 조력해준다.

또한 실적이 부진할 경우 중도 탈락이 될 수도 있으며 실적이 좋을 경우 인센티브를 받기도 한다.

실적이 좋으면 다음 해에 한 번 더 지원받을 수 있기도 하다. 청년사관학교는 옆에서 계속 자극을 주고 동기를 부여하기 때문에 사업 초보자의 경우 꽤 큰 도움을 얻을 수 있다. 대신에 청년사관학교 프로그램 자체를 완수하는 것도 대학교 한 학기 수업 듣는 것 이상의 시간을 소요하기 때문에 사업이 너무 바쁜 분들은 지원을 고민해보아야 한다.

초기창업패키지와 청년사관학교는 중복으로 수혜가 불가하다. 따라서 잘 생각해보고 본인에게 맞는 지원사업을 지원하길 바란다.

권역	기관명	지원규모	권역	기관명	지원규모
서울	건국대학교	15	충청	대전창조경제혁신센터	19
	고려대학교	19		순천향대학교	23
	서울대학교	23		충북대학교	19
	숭실대학교	19		한국수자원공사	23
	씨엔티테크	19		한남대학교	15
	엔피프틴(N15)	19		한밭대학교	15
	연세대학교	19	호남	광주대학교	23
	인덕대학교	15		군산대학교	15
	한양대학교	23		순천대학교	19
경인	가천대학교	19		전남대학교 기술지주회사	15
	경기대학교	19		전북대학교	23
	단국대학교	23		전주대학교	19
	성균관대학교	23	대경	경북대학교	15
	수원대학교	15		대구대학교	23
	인천대학교	19		대구창조경제혁신센터	19
	인천테크노파크	19	동남	동서대학교	19
	인하대학교	19		부경대학교	15
	한국산업기술대학교	15		부산대학교	19
강원	가톨릭관동대학교	19		영산대학교	19
제주	넥스트챌린지	19		울산대학교	23

2020년 초기창업패키지 주관기관별 창업기업 지원규모

직접적인 정부지원금 이외에 바우처형식으로 간접적인 지원을 받을 수 있다. 대표적으로 데이터바우처 사업, AI 바우처 사업이 있다. 이 부분은 앞에 쓴 부분이 있는데 추가사항만 보충하겠다.

한국데이터산업진흥원에서 수행하는 데이터 바우처 사업에서 일반 가공, AI 가공으로 나뉘고 각각 4,500만원, 7,000만원 상당의 바우처를 지원받을 수 있다. 즉 AI 가공을 예로 들면 7,000만원 상당의 AI 용역을 공급업체로부터 무료로 제공받을 수 있다.

기관에서 철저히 용역 이행사항을 감리하기에 혹시나 공급기업이 제대로 용역을 이행하지 않을까 불안해하지 않아도 된다. AI 바우처도 데이터바우처 사업과 비슷하다. 다만 주관기관이 정보통신산업진흥원이고 지원금이 최대 3억원으로 지원규모가 더 크다. 대신에 모집규모가 데이터 바우처에 비해서 적기 때문에 경쟁률이 그만큼 치열하다.

바우처 사업에 지원하려면 공급기업과 매칭하여 지원해야 하기 때문에 사전에 공급기업을 잘 찾아보아야 한다.

아무런 기업을 공급기업으로 매칭하면 안되고 공급기업으로 등록된 기업만 매칭할 수 있다. 공급기업 리스트는 웹사이트를 통해 확인할 수 있다.

다음으로는 도전해볼 수 있는 과제는 중소벤처기업부 창업성장기술개발 R&D 과제가 있다. 창업성장기술개발 과제는 디딤돌 창업과제, 전략형 창업과제, TIPS 과제로 또 3가지로 나뉜다.

내역사업	내내역사업	개발기간 및 지원한도	정부출연금 비율	지원방식
디딤돌 창업과제	-	최대 1년, 1.5억원		자유공모
전략형 창업과제	일반 창업과제			
	소재·부품·장비	최대 2년, 4억원	80% 이내	품목(분야) 지정
	BIG3			
TIPS 과제	-	최대 2년, 5억원		자유공모

초기 기업은 대부분 디딤돌 창업과제를 먼저 도전한다. 디딤돌 창업과제는 또 첫걸음과제, 여성참여과제, 소셜벤처과제, 재창업과제로 나뉜다. 2020년 기준 각 세부과제별 예산 편성은 아래와 같다.

구 분		차수	1차	2차	합계
내역사업	세부과제	신청·접수	2월	6월	
디딤돌 창업과제 (단독형R&D)	첫걸음과제	예산	319.2억원	159.6억원	478.8억원
		과제수	266개	266개	532개
	여성참여과제	예산	48억원	24억원	72억원
		과제수	40개	40개	80개
	소셜벤처과제	예산	30억원	15억원	45억원
		과제수	25개	25개	50개
	재창업과제	예산	30억원	15억원	45억원
		과제수	25개	25개	50개

첫걸음 과제는 중소벤처기업부 R&D를 처음으로 수행하는 기업이 대상이다.

여성참여 과제는 여성 기업인이 참여 가능하다.

소셜벤처 과제는 소셜 벤처 판별을 받았거나 사회적기업 인증을 받은 기업이 지원 가능하다.

마지막으로 재창업 과제는 사업 실패로 다시 일어서려는 재창업자들을 대상으로 지원 가능하다.

다른 과제는 지원 대상풀이 작기 때문에 일반적으로 대다수의 스타트업들이 첫걸음 과제로 지원한다.

디딤돌 과제의 경우 최대 1년, 1.5억원까지 지원받을 수 있는데 민간부담금을 20% 이상 부담해야한다. 즉 만약 1억을 받기 원한다면 민간부담금 2천만원 + 정부지원금 8천만원 = 1억원이 맞추어져서 지원받는 것이다.

민감부담금 20%가 부담스럽다면 신규채용 인력에 대한 인건비로 현물 계상하는 방법을 생각해볼 수도 있다. 2020년도 하반기 디딤돌 과제의 경우 코로나19 사태로 인한 배려차원에서 민간부담금을 10%이상으로 경감하기도 했었다.

디딤돌 과제의 단점으로는 기술료 징수가 있다. 이 항목 때문에 디딤돌 과제 지원을 꺼리는 기업도 꽤 있다. 기술료 징수란 디딤돌 과제 지원을 받아 연구개발을 완료한 주관기관이 매출액의 일부를 향후 5년 동안 일정비율 납부해야하는 조항이다.

정확한 납부 비율은 연구개발결과물의 제품 점유비율에 따라 달라진다. 계산 방식은 중소기업기술개발사업 종합관리시스템(SMTECH) 〉〉

정보마당 〉〉 공지사항 "기술료 매뉴얼"을 참조하면 된다.

다음으로 전략형 창업 과제는 4IR[23], 소재·부품·장비, 3대 신산업 분야(BIG3)의 혁신역량이 우수한 기술창업기업에 대한 전략적 지원(IP전략 등 패키지 지원)을 통해 고급기술 창업 확대 목적으로 지원된다.

◇ **4IR 분야**
  ◇ 인공지능, 빅데이터, IoT, 5G+, 스마트제조, 지능형로봇, 시스템반도체, 미래자동차, 바이오헬스, 스마트시티, 서비스플랫폼, 실감형콘텐츠, 블록체인, 드론, 신재생에너지, 배터리

◇ **BIG3 분야**
  ◇ 시스템반도체, 미래자동차, 바이오헬스

◇ **소재·부품·장비 분야**
  ◇ 기계금속, 기초화학, 디스플레이, 반도체, 자동차, 전기전자

최대 2년 4억원까지 지원하여 첫걸음 과제보다 지원 규모가 크다. 지원 규모가 큰 만큼 신청 자격이 까다롭다. 스타트업들이 신청 자격 기준을 갖추기가 쉽지는 않다.

우선 창업 7년 이하 직전년도 매출이 20억원 미만이어야 한다. 그리고 사업분야가 4IR, 소재·부품·장비, 3대 신산업 분야(BIG3) 중에 한 곳에 속해야 하며 4IR 과제의 경우 아래 표 가운데 하나 이상에 해당해야 한다. 해당사항을 증명하기 위한 증빙서류도 필수적이다.

---

23) 4차산업혁명. Fourth Industrial Revolution 의 약자.

유형		신청자격 및 필수 증빙서류
4IR 과제	스핀오프	접수 마감일 기준 3년 이내에 중기부 사내벤처 프로그램 또는 대·중소기업의 사내벤처(창업) 프로그램 등을 통해 분사한 창업기업 또는 대학·연구기관의 교수(원)·연구원이 본인이 참여한 연구개발 과제로 창업한 기업
	기술도입	접수 마감일 기준 3년 이내에 대학·공공연구기관 또는 대기업 및 중견기업으로부터 도입한 기술에 대하여 추가 기술개발을 하고자 하는 창업기업
	혁신인증	벤처기업 또는 기술혁신형 중소기업(INNO-BIZ) 인증을 받은 창업기업
	기술금융평가 우수등급	기술신용평가기관으로부터 TCB 5등급 이상의 평가를 받은 창업기업 또는 기술보증기금으로부터 보증을 받은 기업으로 기술사업 평가등급 'BB' 이상의 평가를 받은 창업기업

중소벤처기업부 창업성장기술개발 과제중 마지막 단계이자 가장 규모가 크고 대다수의 스타트업들이 1차 목표로 삼는 과제가 TIPS[24]이다. TIPS는 투자사와 함께 협력하여 지원해야 한다.

투자사는 TIPS 운영사로 불리는데 성공한 벤처인 중심의 엔젤투자사, 초기기업 전문 벤처캐피탈, 기술대기업 등 민간 벤처육성기관(액셀러레이터)들로 구성된다.

TIPS 운영사는 유망한 기술창업팀을 발굴해 먼저 투자(1~2억원 내외)를 한 후 정부에 추천하면 엄격한 평가를 통해 창업팀을 최종 선정된다. 선정되면 정부로부터 2년간 최대 5억원까지 지원받을 수 있다.

---

24) TIPS는 Tech Incubator Program for Startup의 약자로서 성공한 벤처인의 멘토링-보육-투자-정부R&D 매칭을 통한 이스라엘식 기술창업기업 육성 프로그램이다.

이후 추가연계 지원도 있는데 추가연계지원까지 최대로 받으면 정부로부터 최대 9억원까지 지원받을 수 있다. 다만 지원받을 때에 TIPS 운영사에게 지분을 일정 비율로 주어야 한다.

여기까지가 스타트업들이 일반적으로 정부로부터 투자받을 수 있는 지원사업들을 단계별로 정리한 것이다.

AI 빅데이터 스타트업이라 가정하고 일반적인 플로우를 다시 정리하면 이렇다.

예비창업 패키지 ⇒ 초기창업패키지 or 청년사관학교 ⇒ 데이터바우처 or AI바우처 + 디딤돌 창업과제 첫걸음 사업 ⇒ 전략형 창업과제 ⇒ TIPS 과제이다.

중간에 단계를 건너뛰어도 된다. 주의해야 할 점은 단계를 거슬러 올라갈 수는 없다.

예를 들어 TIPS과제를 먼저 받으면 전략형 창업과제를 신청할 수 없다. 대신 전략형 창업과제를 지원받고 TIPS 과제를 지원할 수는 있다. 이 이후에는 벤처캐피탈 등 사조직으로부터 투자를 받아야 한다. 단계별로 시리즈 A, B, C로 불리운다.

이 단계에서는 적게는 10억 많게는 1000억 이상의 투자를 받는다. 그리고 이 단계를 넘어가면 M&A 또는 IPO[25]를 통해 소위 말하는 엑시트(EXIT)를 할 수 있다.

---

25) Initial Public Offering의 약자. 기업이 주식을 상장하는 방법 중 가장 많이 사용하는 방법이 IPO인데 우리나라 말로는 기업공개라고 한다. 즉 외부 투자자가 공개적으로 주식을 살 수 있도록 기업이 자사의 주식과 경영 내역을 시장에 공개하는 것이다.

정부 및 사조직으로부터 투자를 받기 위해서는 엄청난 양의 행정적 준비가 필요하다. 그리고 투자를 받은 이후에도 지원금을 쓸 때마다 각종 증비 서류를 행정적으로 준비해야 한다. 그래서 개발하기에도 바쁜 스타트업 대표들이 이러한 행정일도 겸해야 하기 때문에 2배로 바쁠 수밖에 없다.

추천하는 바는 행정업무만 하는 직원을 따로 고용하는 것이다. 특히 정부 과제, 투자 행정업무만 주로 해온 경력 직원들이 있다. 이러한 직원을 고용하면 대표가 다른 일에 좀 더 집중할 수 있을 것이다.

데이터 3법

최근 데이터 3법 개정이 이슈가 된적이 있다. 데이터는 인공지능 빅데이터 분석을 위해서 필수적인 재료이기에 나도 관심을 꽤 갖고 있었다. 그래서 이 책에서 잠깐 데이터 3법에 대해서 서술하겠다.

데이터 3법은 데이터 이용을 활성화하는 「개인정보 보호법」, 「정보통신망 이용촉진 및 정보보호 등에 관한 법률(약칭 : 정보통신망법)」, 「신용정보의 이용 및 보호에 관한 법률(약칭 : 신용정보법)」등 3가지 법률을 통칭한다. 이 법안은 2018년 발의되었는데 2020년에야 통과가 되었다.

데이터 3법 개정안은 쉽게 말해 상업 통계 작성, 연구, 공익적 기록 보존 등을 위해 가명 정보를 신용 정보 주체의 동의 없이 이용·제공이 핵심이다. 즉 예전에는 개인 사생활 침해라 해서 가명 정보도 유출이 금지되었다. 이름이나 전화번호 중간중간을 마스킹한 가명 정보라 해도 데이터를 이것저것 분석하고 매칭하다 보면 결국 누군지 알아맞

힐 수 있기 때문이다.

데이터 3법 개정안 통과로 인해 앞으로 거대 데이터베이스를 보유하고 있는 대기업들은 데이터를 활용한 서비스와 고객분석을 제대로 할 수 있게 되었다.

은행·핀테크 업계는 금융 데이터와 비금융 데이터를 결합해 신용정보를 보다 세분화하고 이를 활용할 수 있게 된다.

보험업계는 건강관리와 데이터를 연계한 새로운 상품을 개발할 수 있다.

의료계 역시 각종 의료 데이터를 활용할 수 있다. 내가 진료 받은 병원 진료정보, 건강검진결과 등을 스마트폰으로 내려받아 건강관리 업체에 맡길 수 있다. 또 금융거래 내용을 PB센터 등에 제공해 맞춤형 재테크 정보를 받는 등 서비스도 가능하다. 통신사 음성·데이터 사용량을 다운로드해 맞춤형 요금제를 추천받을 수도 있다.

반면 시민단체들은 데이터 3법 통과가 국민 정보 인권을 침해한 사례라며 반발하였다. 물론 나도 이를 이해하는 바이다. 인공지능 빅데이터 분석은 항상 개인 정보 보호와 첨예한 대립을 할 수 밖에 없다.

빅데이터 분석을 하려면 데이터가 필요한데 또 그러한 데이터 하나하나가 개인 정보일 수 있기에 이 둘 간의 대립은 공존할 수 밖에 없다. 하지만 나의 의견은 결국에는 인공지능 빅데이터 분석을 위해서는 개인 데이터가 일정 부분 필요할 수 밖에 없다고 생각한다. 하지만 그렇다고 개인 정보가 무분별하게 유출되면 안되기 때문에 어느 정도 안전장치는 마련해 놓아야 한다.

11장

미래 빅데이터 변화에 준비해야 할 것

11장.
미래 빅데이터 변화에 준비해야 할 것

빅데이터는 어디까지 어떻게 변화할 것인가

빅데이터는 사회경제적으로 급격하게 우리들의 생활을 바꾸어놓을 것이다. Statista에 따르면 글로벌 빅데이터 시장은 2027년까지 1,300억 달러에 이를 것으로 예상된다. 이는 2018년 시장 규모의 두 배 이상이다. 또한 소프트웨어 부문은 2027년까지 빅데이터 시장이 45%의 점유율을 보일 것으로 예상하고 있다.

데이터가 계속해서 증가함에 따라서 기업들은 데이터 적재 및 분석을 최적화해서 데이터에 입각한 의사결정을 내리려고 꾸준히 시도하고 있다. 인터넷 사용 증가에 따라서 적재되는 데이터 양도 급격하고 증가하고 있는데 Seagate IDC의 보고서에 따르면 글로벌 데이터 영역이 2025년까지 175 제타 바이트에이를 것이라고 예측했다.

현재는 대기업 또는 일부 전문가 집단 기업(세무회계기업, 로펌, 증권사 등)만이 이러한 인공지능 빅데이터 기반 솔루션들을 활용하고 있지만 미래에는 모든 기업들의 필수 요소가 될 것이다.

이러한 자동화 인공지능 솔루션의 증가로 인해 사람이 필요 없는 분야가 많아져서 대량 해고가 발생할 수 있다. 실제로 2017년 세계 최대 투자은행 골드만삭스는 600명에 달하던 주식매매 트레이더를 2명만 남기고 해고했다.

인공지능 투자 분석 프로그램 〈켄쇼〉를 도입하면서 더 이상 600명의 직원이 필요 없게 된 것이다. 이 인공지능 프로그램은 애널리스트 15명이 4주 동안 해야되는 일은 단 5분이면 처리하는 능력을 지녔다고 한다. 남은 2명의 트레이더도 사실상 〈켄쇼〉를 보조하는 역할을 하는 수준의 역할 때문에 해고를 안 당한 것이다.

대량 해고가 발생하는 분야도 있지만 반면 데이터분석가들은 각 기업의 필수 인력이 될 것이다. 각종 데이터 분석 솔루션들을 활용한다고 해도 데이터 설계, 적재, 가공 등은 데이터 분석가의 역할이 필수적이다.

특히 사물인터넷의 발달과 인터넷 매체의 발달로 가공되지 않은 센서데이터, 비정형데이터들이 난무하게 될 것이기에 이러한 데이터 처리를 위한 데이터 분석가가 필수적이게 될 것이다.

보안 문제

빅데이터의 사이버 공격, 보안 기술 격차, 보안 표준의 불규칙한 준수로 인해 발생하는 데이터 프라이버시 및 보안 문제가 대두될 것이다. 정부는 사이버 공격을 방지하고 기업이 고객의 정보를 보호할 수 있도록 지원하기 위한 표준을 수립하려 하지만 국가별 정책이 다르고 분야별, 시기별로 정책이 오락가락하여 혼선을 빚고 있다.

인공지능 빅데이터 시대로 가기 위해서 데이터 프라이버시와 데이터 개방간의 논쟁은 앞으로도 계속될 것이다. 그리고 이러한 정부 정책 하나하나에 수많은 기업들의 흥망성쇠가 이루어질 것이다. 대표적으로 원격 진료는 국내에서 수년간 불법이었는데 코로나19 사태로 인해서 한시적으로 허용된 상태이다. 앞으로 국내법이 어떻게 바뀌느냐에 따라 국내 원격진료 스타트업들의 승패가 갈릴 것이다.

노동 시장 변화

빅데이터는 비즈니스 세계에 영향을 미칠뿐만 아니라 인력시장에 미치는 영향도 엄청나다.

데이터 과학자가 유망 직종으로 떠올랐지만 데이터 과학자 간에도 명백한 능력 격차가 존재한다. 기업은 실력있는 숙련된 데이터 과학자에 목말라할 것이다. 이로 인해 많은 조직에서 데이터 과학자를 구하려 하지만 구하지 못하는 딜레마에 시달릴 것이다.

앞으로 데이터 과학자가 점점 늘어나는데 어떻게 이러한 현상이 가능한지 의문이 드는가?

데이터 과학자가 늘어나는 속도보다 기업이 처리 및 분석해야할 데이터의 양이 더욱 기하급수적으로 늘어나고 있기 때문이다. 따라서 기업들은 인공지능 솔루션에 더욱더 의존하게 될 것이고 소수의 숙련된 실력있는 데이터 과학자의 가치는 더욱 상승할 것이다.

그러면 실력있는 데이터 과학자와 그렇지 않은 데이터 과학자간의 차이는 무엇일까?

내 생각은 실력있는 데이터 과학자는 문과, 이과적 성향을 모두 지닌 융복합적 능력을 지닌 사람이라고 생각한다.

단순히 파이썬 코딩을 잘하거나 수학만 잘한다고 실력있는 데이터 과학자라고 할 수 없다.

비즈니스 문제를 바로 이해하고 해당 문제에 주어진 데이터 도메인을 습득할 수 있는 경영학적 능력, 문제 해결에 필요한 알고리즘 모델을 생각해낼 수 있는 수학 및 통계학적 능력, 구상한 모델을 실제 구현할 수 있는 컴퓨터 공학적 코딩 능력, 분석 결과를 보고서로 작성하고 시각화하며 남들에게 설명할 수 있는 소통 능력까지 두루 갖추어야 한다.

빅데이터로 인해 노동시장은 지각변동을 일으킬 것이다.

빅데이터로 인해 인간의 일자리가 빼앗긴다는 관점도 있지만 결국은 단순하고 극한 직업에서 인간은 해방되었다는 관점이 맞을 것이다. 기계적인 일은 AI나 빅데이터를 활용해야 해야하는 것이 맞다. 단순한 일을 했던 인력들은 더 인간적인 일을 하거나 인생을 제대로 누려야 한다.

빅데이터로 인해 직업의 가치가 바뀔 것이다.

고급 직업이라고 할 수 있는 의사, 약사, 변호사 등 전문직들도 결국은 매뉴얼이나 기존 지식을 공부해서 얻은 것이다. 이것은 AI가 훨씬 더 잘하는 일이다. 이제는 암기를 잘하는 사람이 우대받는 것이 아니라 창조적인 사람이 우대받는 사회가 되는 것이다.

창조적인 직업이 각광을 받게 되므로 더 많은 예술가가 나타나고 문화 예술 관련 직업이 선호될 것이다.

기득권을 쥐고 있는 사람들이 제도를 바꾸려 하지 않겠지만 거센 파도와 같은 세계적인 물결을 거스르지는 못할 것이다.

코로나 이후의 빅데이터 전망

코로나19 사태로 인해 인류는 더욱 빠르게 인공지능(AI) 빅데이터 시대를 맞이하게 될 것이라는 전망이다.

미국 경제전문지 포브스는 코로나19 이후 세계 경제, 사회적 변화에 대한 9가지 예측을 발표하였다.

구분	미래 예측 내용
1.비접촉식 인터페이스 및 상호작용 확대	∘ 질병을 전염시킬 수 있는 디스플레이 등 인공적인 표면에 대해 대부분의 사람들이 인식하게 되어, COVID-19 이후 전세계적으로 터치스크린은 감소할 것이며, 음성 인터페이스(voice interfaces) 및 머신비전 인터페이스(Machine vision interfaces)가 증가하게 될 것으로 예상. ∘ 머신 비전 인터페이스는 소셜 미디어 필터를 적용하여 일부 매장에서 자율적인 결제를 위해 이미 사용되고 있음. ∘ 물리적인 접촉의 양을 줄이기 위해 여러 산업 분야에서 얼굴과 제스처를 인식하는 음성 및 머신비전 인터페이스가 확장될 것으로 전망
2.강화된 디지	∘ COVID-19는 대중에게 재택근무를 익숙하게 유

털 인프라	도. 집에서 회의, 수업, 운동 등을 계속할 수 있는 디지털 솔루션을 찾도록 요구함으로써, 코로나19 이후 세계에서는 이러한 변화가 지속될 것으로 전망 ◦ 회의를 위해 반드시 국외 출장이 필요하지 않으며, 이사회 회의 등이 화상통화로 가능하다는 것을 확인.
3. IoT 및 빅데이터를 사용한 보다 나은 모니터링	◦ 팬더믹에서 실시간으로 데이터의 힘을 볼 수 있었으며, 이번 경험을 통해 얻은 교훈은 사물인터넷과 빅데이터를 사용하여 미래의 전염병을 모니터링하는 방법을 배움 ◦ 국가 또는 글로벌 앱은 누가 발병 증상을 보이는지 보고하고 추적할 수 있기 때문에 조기 경보 시스템을 개선할 수 있음. 그런 다음 GPS 데이터를 사용하여 노출된 사람들의 위치와 상호 작용한 사람들을 추적하여 감염 여부를 확인함 ◦ 개인정보를 보호하고 데이터의 남용을 방지하기 위해 신중한 구현이 필요하지만, 미래의 전염병을 효과적으로 모니터링하고 해결하는데 큰 이점이 있음.
4. AI 기반 신약개발	◦ 인공지능은 인간의 노력을 가속화하고 보완할 수 있어 신약개발에 이상적인 파트너라 할 수 있음. ◦ COVID-19 및 다가올 바이러스를 예방하는 백신 및 치료를 위한 효과적이고 안전한 의약품을 보다 빨리 개발하고 배포할 수 있음.
5. 원격진료	◦ 의사나 의료센터에 직접 방문하지 않고 임상 서비스를 제공하는 원격진료에 대한 관심이 높아짐. ◦ 코로나19 이전 일부 의료서비스 제공업체들은 어려움을 겪었으나, 많은 영역에서 사회적 거리두기가

	의무화됨에 따라 원격진료 또는 가상 상담에 대한 관심 고조.
6. 온라인 쇼핑 확대	◦ 대부분이 쇼핑이 온라인으로 이동함에 따라 온라인 옵션이 없었던 기업들은 재정적 파산에 직면했으며 일부 기능을 갖춘 기업들은 서비스를 강화하려고 시도. ◦ COVID-19 이후 경쟁력을 유지하려는 기업들은 오프라인 위치를 유지하면서도 온라인 서비스를 제공하는 방법을 찾게 될 것이며, 구매자 선호도나 미래의 유행성 질병에 관계없이 수요 급증을 수용할 있도록 물류 및 배송 시스템이 개선될 것임
7. 로봇에 대한 의존도 증가	◦ 바이러스에 감염되지 않는 로봇에 대한 의존도 증가. 식료품 공급, 건강관리 시스템 및 공장 운영에 기업들은 로봇을 활용하고 있고, 오늘날 로봇이 우리를 어떻게 지원할 수 있을지 인식하게 됨. ◦ 코로나19 이후 세계에서 또는 다가올 전염병에서 로봇은 보다 중요한 역할을 할 것임
8. 디지털 이벤트 증가	◦ 디지털로 전환된 오프라인 행사의 주최자와 참가자는 양쪽의 장단점이 있음을 알게 됨. 실례로 최근 'AI in education'에 대한 토론이 가상의 행사로 진행됨. 전세계적으로 많은 참석자들이 로그인했으나 오프라인 이벤트와 같이 용량 문제가 발생하지 않았음. ◦ 코로나19 이후 오프라인 행사가 완전히 대체될 것으로 예상되지는 않으나, 행사 주최자가 디지털 측면으로 오프라인 행사를 보완할 수 있는 방법을 찾아낼 것으로 기대.

	◦ 행사의 일부는 직접 개최되고 일부는 디지털 방식으로 진행되는 하이브리드 행사의 급격한 증가가 예상됨.
9. e-스포츠의 부상	◦ COVID-19로 축구, 야구, 농구 등 스포츠 행사들은 보류되거나 시즌이 완전히 취소되기도 함. 반면 e-스포츠는 번창하고 있음. 전통적인 포뮬러 1(Formula 1) 경기와 동일하지는 않지만, F1 자동차 경주의 전자 버전도 대중들에게 실제 스포츠와 같은 느낌을 줌. ◦ 주류 스포츠 행사와 달리 e-스포츠는 온라인으로 쉽게 전환할 수 있음. 행사와 같이 물리적 스포츠 개최가 디지털로 보완되는 하이브리드 스포츠 확대가 예상.

포브스에서 내놓은 경제, 사회적 변화 9가지는 꼭 인공지능 빅데이터에 한정 지어서 내놓은 의견이 아니다. 그저 앞으로 사회가 전반적으로 이렇게 변할 것이다, 라고 전체적인 의견을 내놓은 것이다.

그런데 찬찬히 하나씩 살펴보면 모두 인공지능 빅데이터와 밀접한 관련이 있다는 것을 알 수 있을 것이다. 비접촉 생활이 가속화 되면서 인간의 모든 행동은 디지털화, 데이터화 될 것이다. 따라서 빅데이터는 점점 더 가속화 될 것이다.

실례로 직장생활을 생각해보자.

Slack, Flow, 잔디와 같은 업무용 협업도구를 이용하면 재택근무를 통해서도 충분히 협업을 잘 할 수 있다.

업무 내용, 일정 관리 등을 모두 플랫폼 채팅창에 남기고 서로 의견을 주고 받는다. 회의도 〈줌〉이나 〈구글 행아웃〉을 이용하면 비대면으로 쉽게 할 수 있다. 모든 내용이 자동으로 데이터화 되기 때문에 오히려 공들여 이동하고 회의록을 일일이 작성해야 하는 불편함을 줄일 수 있다.

원격근무에 유용한 툴들

병원도 앞으로는 직접 가기보다는 원격진료를 통해 의사에게 진찰을 받고 동네 약국에서 약만 타오면 될 것이다. 국내에서도 한시적 허용이 되어서 〈메디히어〉, 〈굿닥〉 등이 원격진료를 제공하고 있다. 채팅 또는 화상 전화를 통해 의사에게 진찰받을 수 있다.

오진에 대한 위험성이 대두되지만 사전에 AI 기반 문진을 상세히 수행하여 최대한 오진 확률을 줄일 수 있다. 병원에 왔다갔다 하는 시간을 줄일 수 있으며 원하는 의사에게 쉽게 진찰받을 수 있다는 장점이 있다. 가격 또한 합리적으로 저렴하다.

온라인 쇼핑은 이미 이전에도 활발했지만 코로나19 여파로 직접 쇼핑을 가는 사람들이 줄게 되면서 온라인 쇼핑 시장은 더욱 가속화 될 전망이다.

이 밖에도 제조업 현장에서 사람이 하는 일들을 산업용 로봇이 대체하는 현상, 대규모 관중이 필요한 야구, 축구와 같은 스포츠경기가 무관중 온라인 100% 중계로 바뀌는 현상, 물리적 스포츠를 할 수 없게 됨에 따라 e-스포츠가 번창하는 현상 등이 벌어질 것이다.

특히 e-스포츠의 경우 경기가 열리는 구장을 직접 찾아가지 않고, 유튜브나 트위치 같은 인터넷 라이브 스트리밍 플랫폼을 통해 장소나 시간에 구애받지 않고 시청할 수 있어 각광받고 있다.

2020년 2월 5일부터 4월 25일까지 국내 인기 e스포츠 대회인 '2020 LCK(리그오브레전드 챔피언스리그 코리아) 스프링'은 일 평균 시청자 수가 전년 동기 대비 13.4% 증가한 463만여명을 기록했다. 사람들이 밖에 나가지 않고 집에서 e-스포츠 경기를 즐겨 봤다는 것을 반증한다.

모든 사람들의 행동이 디지털 데이터화 되면서 이를 활용한 빅데이터가 폭발적으로 쌓일 것이고 이를 활용한 인공지능 기술이 더욱 잘 적용될 전망이다. 어느 한 분야만 이렇게 되는 것이 아니다. 당신이 생활하고 있는 모든 분야에 이러한 현상이 다 적용될 것이다.

비즈니스적 관점에서 준비하면 좋은 것들

IT는 당연하고 그 이외 모든 분야가 인공지능 빅데이터 시대에 큰 영향을 받게 될 것이다.

오프라인 창업을 한다고 하더라고 온라인 창업을 같이 해야 한다. 앞으로 온라인은 선택이 아닌 필수가 될 것이다.

통계청이 발표한 '2019년 온라인쇼핑 동향'에 따르면, 온라인쇼핑 거래액은 134조 5,830억 원. 이 중 스마트폰을 통한 모바일 쇼핑 거래액은 86조 7,005억 원으로, 전체 거래액의 64%를 차지하며 전년 거래액보다 25.5% 증가했다.

반면 국내 최대 유통기업 롯데쇼핑과 이마트 등은 최근 적자전환 등으로 영업 손실을 내자 점포 수를 줄이는 등 대규모 구조조정에 나섰다라고 밝혔다.

코로나19 여파로 인해 미국에서만 2만~2만5000여 개의 소매점이 문을 닫았는데 이는 지난해(9302개)보다 2배 이상 늘어난 수치이고 현재 미국 내 쇼핑몰의 55~60% 매장이 없어지는 것을 의미한다.

이와 같이 온라인 시장이 오프라인을 훨씬 압도하고 있는 현상이 지속되기 때문에 오프라인 창업을 하게 되더라도 필수적으로 온라인을 겸해야 한다. 온라인 쇼핑몰을 함께 열던가 각종 온라인 광고, 마케팅을 공격적으로 펼쳐야 한다.

온라인으로 사업을 하게 되면 장점이 모든게 데이터로 남기 때문에 데이터 기반으로 앞으로의 나아갈 방향을 의사결정 할 수 있어 훨씬 객관적으로 전략을 짤 수 있다.

예를 들어 최근에 인기 많았던 상품, 카테고리, 속성, 광고캠페인, 검색어 및 충성고객의 인구통계학적 특징, 이탈고객의 인구통계학적 특징 등을 자동으로 도출해 낼 수 있다.

직접 IT 기업과 협업해 D2C(Direct to Consumer) 플랫폼을 설립하는 것도 요새 트렌드이다.

최근 수년간 다양한 온라인 상거래 플랫폼이 상용화되고 간편한 결제가 가능해지면서 기업들 입장에서도 직접 IT 인프라를 구축해 직접 소비자들을 대상으로 제품을 판매하는 것이 수월해졌다.

미국 최대 규모 음식료 기업인 펩시코는 코로나19로 인한 매출 하락이 본격화하자 직접 D2C 판매 사이트를 열고 중간 유통과정 없이 소비자들에게 직접 음료·스낵 판매를 시작했다. 미국 최대의 유통업체인 월마트 역시 온라인 쇼핑몰을 재정비하고 플랫폼을 단일화해 온라인 매출을 늘리려는 작업을 진행 중이다.

패션 분야에서도 D2C가 대세로 자리잡고 있다. 나이키, 반스, 랄프 로렌 등 글로벌 브랜드는 세계 최대 온라인 쇼핑 플랫폼인 아마존에서 철수한 이후 자체 D2C 사이트를 만들었다.

투자 비용 부담에도 불구하고 이 기업들이 직접 D2C에 뛰어든 이유는 유통 단계를 줄여 이익을 늘린다는 목적도 있지만, 무엇보다 플랫폼 기업들이 쥐고 있는 소비자 데이터를 직접 관리한다는 목적이 크다.

이러한 D2C 플랫폼은 거의 100% 온라인으로 판매, 배송, 홍보, 마케팅이 다 이루어지고 있기 때문에 앞으로 빅데이터 시대에 훨씬 더 각광받을 것이다. 다만 대형 플랫폼이 모든 것을 독식할 위험성도 존재하여 정부기관의 적절한 규제가 필요하다고 여겨진다.

창업을 염두하고 있는 독자라면 창업 분야에 처음부터 D2C 플랫폼을 빠르게 설립해서 선두주자로 치고 나가는 것도 좋은 방법이 될 것이다.

12장

AI 빅데이터 비즈니스에 도움되는 것들

12장.
AI 빅데이터 비즈니스에 도움되는 것들

인공지능 빅데이터 관련 회사들은 어떻게 돈을 버나

국내에 빅데이터 분석만 전문적으로 하는 회사들이 꽤 있다. 최근에는 빅데이터라는 말보다 인공지능 또는 AI라는 용어도 겸하고 있는 추세이다. 이러한 회사들은 대부분 중소기업 또는 스타트업이지만 안정적인 매출과 높은 영업이익률로 알짜배기 회사들이 많다. 특히 〈솔트룩스〉와 같이 코스닥 상장까지 한 인공지능 빅데이터 분석 전문 회사들도 등장하고 있다.

그러면 이러한 회사들은 어떻게 매출을 발생시킬까?

우선 고객을 생각해보아야 한다. 이러한 회사들의 고객은 무조건 기업 또는 정부이다. 고객이 개인이 아니기 때문에 계약 단가 자체가 크다. 그리고 무엇보다도 영업력이 중요하다. 그래서 어느 정도 규모 이상의 회사들은 무조건 우수한 영업 인력을 보유하려고 한다. 영업진들이 고객들을 상대로 영업을 펼칠 때 인공지능, 빅데이터에 대한 이해가 있어야 하기에 베테랑 기술자들을 영업진에 포진시키는 경우가 대부분이다.

매출은 두 가지 형태로 나타나는 경우가 대부분이다.

첫째, 프로젝트 용역 형태가 많이 있다.

프로젝트 의뢰 주체는 삼성, SK와 같은 대기업 또는 정부기관, 공공기관들이다. 계약기간은 적게는 3개월 길게는 5년까지 있으며 프로젝트 단가는 적게는 5천만원, 크게는 150억원까지 있다.

각 프로젝트마다 계약을 따내기 위해서 다수의 인공지능 빅데이터 분석 전문 기업들이 달려든다.

천만원 단위는 수의계약 형태로 바로 계약을 맺는 경우도 있지만 1억원 이상의 계약단위는 보통 공개 입찰을 통해 경쟁을 한다.

서류, PT로 이어지는 과정 속에서 각 입찰 기업들은 마치 면접을 보는 것과 같은 심정을 겪는다. 그래서 어느 정도 기업규모가 있는 회사는 회사 안에 사업제안서만 전문적으로 쓰는 팀이 따로 있다. 각종 대기업, 정부기관 대형 프로젝트 사업제안서를 팀원 전체가 똘똘 뭉쳐서 쓰는 것이다.

서류를 통과하면 PT는 주로 대표 또는 임원이 직접 한다. 물론 이 PT에 쓰이는 발표자료도 사업제안서를 썼던 팀원들이 만들어주는 경우가 대부분이다. 그래도 발표할 때 기술적인 내용이 많이 있고 심사위원들의 질문에 답해야하기 때문에 대표자도 인공지능 빅데이터에 대한 기술지식이 충분해야 한다. 이러한 이유 때문에 대부분의 인공지능 빅데이터 전문회사 대표들은 명문대 공대 출신이 많다.

둘 째, 인공지능 빅데이터 기반 소프트웨어 판매가 있다. 이러한 소프트웨어들은 대기업 또는 공공기관에 납품하고 이용료를 일정하게 받는 형태이다. 그래서 회사 안에 소프트웨어 제작팀이 따로 있다. 또한 한 회사에 여러 개의 소프트웨어를 다수 판매하는 회사도 많이 있는데 이러한 경우 각 소프트웨어마다 따로 팀이 꾸려지곤 한다.

제작된 소프트웨어 판매는 역시 기술 영업진들의 몫이다. 다행히 공공기관의 경우 외산보다는 국내산 소프트웨어를 가급적 사려고 하기 때문에 판매율은 꽤 좋다.

이 두 가지 이외에 다른 비즈니스 모델로 수익을 창출하는 회사는 거의 본적이 없다. 물론 구글, 페이스북, 아마존과 같은 다국적 대기업들도 본인들은 인공지능 빅데이터 회사라고 말하지만 엄밀히 말하자면 이러한 기업들은 인공지능 빅데이터만을 전문적으로 하는 회사라고 할 수 없다. 구글은 검색엔진 기업, 페이스북은 소셜네트워크 서비스 기업, 아마존은 유통 기업인데 인공지능 빅데이터 기술을 접목한 것 뿐이다.

기업 또는 정부 과제 사업 제안서에 대해서

사업 제안서는 매우 중요하다.

사업 제안서에 따라서 몇 천에서 몇 백억까지의 규모가 큰 대형 프로젝트를 따낼 수도 있고 그렇지 않을 수도 있기 때문이다. 따라서 예전에는 이러한 사업 제안서를 무조건 길게 쓰면 높은 가점을 받는 줄 알고 100페이지 이상씩 쓰곤 했다.

이러한 과열 현상을 방지하기 위해 최근에는 대부분의 기업, 정부 과제들이 제안서 쪽수를 제한하고 있다.

보통 15페이지 내외로 제한하고 있다. 15페이지 안에 과제 배경, 목적, 방법, 일정, 업무 가능 여부, 기대효과 등을 모두 담아야 한다. 추가적으로 회사의 업력이나 대표자 및 사원들 이력도 담는 경우도 많다. 꽤 많은 내용을 담아야 하는 반면에 쪽수는 제한되어 있기 때문에 최대한 함축적으로 내용을 잘 담는게 중요하다. 특히 심사위원들은 몇 백개의 사업제안서들을 한꺼번에 검토하는 경우가 많아 많이 피로하다. 그래서 짧고 일목요연하게 딱 눈에 띄에 써야 한다.

첫번 째, 맨 앞장에 구조도를 넣는게 좋다.

이 구조도라는게 과제를 어떤 식으로 풀어나가겠다는 것을 한눈에 보기 좋게 표현한 것이다. 이 구조도 하나만 보아도 대략적으로 과제를 어떻게 수행하겠다라는 것을 알 수 있어야 한다.

구조도는 플로우차트 형식 또는 기능 모듈별 묶음으로 보여주면 된다. 저작권 때문에 타 기업에 만들어 놓은 구조도 대신에 저자가 직접 예전에 정부 사업 과제에 지원할 때 쓴 구조도를 첨부하겠다.

맨 위에 궁극적인 과제 목표를 4가지(개인 맞춤형 상품제안, 쇼핑몰 현황 대시보드, 유형별 고객 분류, 이상 탐지)로 표현했고 그 아래 좌측에 5개로 목표 달성을 위한 과정들을 분류하였다.

그리고 각 5개에 해당하는 내용은 그 옆에 풀어서 썼다. 꼭 이러한 방식이 아니어도 상관없다. 한눈에 전체 과제 추진 방향을 알 수 있는 어떠한 방식의 그림이던지 꼭 맨 앞장에 넣길 바란다.

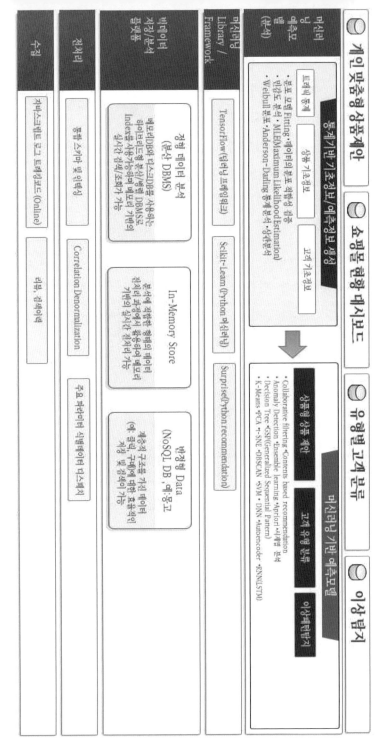

사업제안서안의 기술 구조도 예시

두번 째, 표와 볼드체를 적극적으로 활용하라.

우선 심사위원들은 글자를 너무 많이 보기 때문에 금방 피로해진다. 모든 글을 읽고 제대로 이해하기를 바랄 수는 없다.

반면 표로 정리하면 가독성이 훨씬 올라간다. 또한 표로 작성을 하면서 좀 더 논리적으로 항목을 구분하게 되기 때문에 표현력도 올라가게 된다. 따라서 표로 바꿀 수 있는 글들은 무조건 표로 바꾸는게 좋다.

그리고 볼드체도 적극적으로 활용하라. 글자에 색상을 넣는거는 바람직하지 않다. 어차피 심사위원들이 출력해서 읽는데 흑백으로 출력해서 읽기 때문에 색상을 넣어도 티가 안 난다. 대신에 볼드체로 좀 더 진하게 중간 중간 강조하는 부분을 표시하면 심사위원들이 한결 편할 것이다.

세 번 째, 목표는 무조건 정량적인 지표로 제시해야 한다.

무엇무엇을 하겠습니다, 가 아니라 기존보다 몇 %를 향상시키겠다, 라고 구체적으로 지표를 제시해야 한다. 그리고 그 지표를 측정할 수 있는 도구 또는 방법도 제시해야 한다.

이러한 지표를 명확히 제시하기 위해서는 선행연구가 필수적이다. 머릿속으로 생각하여 그냥 막연히 내면 절대 안된다. 논문 또는 특허를 미리 조사한 후 이에 기반하여 앞으로 구체적으로 몇 % 정도 향상시킬 수 있다, 라고 주장해야 한다. 물론 조사한 논문 또는 특허의 내용을 함께 인용하면 더 좋다.

네 번 째, 과제를 성공적으로 완수할 수 있을 만한 팀원 구성이 중요하다.

대표자를 포함한 팀원들의 역량은 심사위원들이 가장 많이 보는 항목 중에 하나이다. 그래서 명문대 출신 대표자들이 이러한 부분에서는 꽤 유리하다. 최대한 이력이 좋은 사람들을 모집하거나 감추어져 있는 이력을 최대한 어필하여 제안서에 실어야 한다.

지금까지 말한 내용들은 실제 정부 과제 다수를 심사했었던 심사위원들이 나에게 조언해준 내용이다.

제안서를 쓸 때 사소해 보이지만 강력한 나의 팁을 항상 염두해두길 바란다.

빅데이터 공부 방법 정리

사실 빅데이터 학문에 대한 공부방법을 저술하자면 책 한 권에 다 써야 할 정도이다. 하지만 이번 책에서는 중점사항이 공부방법이 아니므로 간단히 다루도록 하겠다.

빅데이터라는 학문은 2010년 이후로 미국, 캐나다, 중국에서 이미 각광을 받았지만 국내에서는 2016년 이후로 유명해지게 되었다. 2016년 이세돌과 알파고의 대결이 세기의 관심을 받게 되면서 빅데이터, 인공지능, 딥러닝과 같은 학문이 유명해졌고 정부의 4차산업 육성정책에 힘입어 부랴부랴 학교, 학원, 기관 등에서 교육 커리큘럼을 만들기 시작했다.

빅데이터는 수학, 통계, 컴퓨터와 밀접한 관련이 있기 때문에 컴퓨터 공학과, 수학과, 통계학과, 산업공학과 같은 학과에서 관련 수업이 생겨났다. 또한 대학원에 빅데이터 또는 인공지능 학과를 개설하는 학교가 늘어났으며 각종 온오프라인 학원들도 관련 수업을 개설하였다.

이러한 붐이 일어난지 4년밖에 안되어 제대로 공부를 배우기에는 쉽지 않다. 대학을 졸업한 사람들은 대학교를 다시 들어갈 수도 없고 대학원 입학도 어려울 수도 있고 사정이 여의치 않아 공부하기가 쉽지 않다.

빅데이터는 학문 특성상 꽤 많은 범위를 포괄하고 있으며 새로운 알고리즘이 계속해서 나타나기에 지속적으로 최신 트렌드를 계속 익혀야 한다. 따라서 넓은 범위의 학문적 기초도 필요하고 논문을 통한 최신 트렌드도 계속해서 공부해나가야 한다.

우선 기초적으로 어떠한 학문을 익혀야 하는지 말해보겠다.

가장 우선적으로 수학, 통계적 지식이 필요하다. 빅데이터, 인공지능 알고리즘들은 모두 수학, 통계 기반 알고리즘이다. 물론 요즘에는 각종 라이브러리를 활용하면 직접 코드를 짜지 않고 라이브러리 함수를 이용해서 알고리즘을 구현할 수 있다.

하지만 알고리즘을 변형하거나 결합이 필요할 때, 혹은 어떠한 문제에 어떠한 알고리즘을 써야할지 고민할 때에는 필연적으로 분석가의 수학, 통계적 지식이 필요하다.

따라서 수리통계학과 선형대수학 정도는 기본으로 알고 있어야 한다. 수학과 관련 학과를 나왔다면 이러한 수업을 이미 들었을 것이다. 하지만 그렇지 않다면 따로 공부가 필요하다. 시중에 책을 구매해서 공부할 수도 있고 어렵다면 온라인 강의를 들어도 좋다.

수학, 통계 공부 이외에 DB 관련 기초 지식도 있어야 한다. RDB[26)]에 대한 기본 이해와 SQL, DB 성능 개선을 위한 기본적인 테크닉 정도는 알고 있어야 한다.

최근에는 RDB 이외에 No-SQL도 많이 쓰이고 있기에 이도 역시 같이 공부해야 한다. 컴퓨터관련 학과를 졸업했다면 학부과정에서 이미 들었을 것이다. 컴퓨터관련 학과를 나오지 않아 듣지 못했다면 따로 책을 사서 공부를 해야 한다. DB는 특별히 고난도의 이해가 필요한 분야는 아니라서 비전공자도 어렵지 않게 익힐 수 있을 것이다.

코딩 공부도 필요하다.

컴퓨터 프로그래밍 언어로는 전통적으로 C, C++, Java 등이 가장 많이 쓰이곤 했었다. 요즈음에도 컴퓨터 관련 학과에 입학하면 1학년 때 필수로 듣는 수업이다.

하지만 빅데이터, 인공지능에는 최근 Python이 가장 각광 받고 있다. 따라서 Python 언어를 익히는 것을 추천한다. C, C++, Java에 비해 굉장히 쉽기 때문에 비교적 빠르게 익힐 수 있을 것이다.

이외에도 비즈니스에 대한 이해와 비즈니스 문제를 해결하는 경영학적 능력, 데이터 분석결과를 잘 전달할 수 있는 커뮤니케이션 능력, 보고서 형태로 잘 쓸 수 있는 문서작성 능력들도 빅데이터 공부에 필요한 부분이다.

---

26) 데이터를 단순한 표(table)형태로 표현하는 데이터베이스로, 계층구조보다 사용자와 프로그래머간의 의사소통을 원활하게 할 수 있는 구조이다.[두산백과]

기초적인 부분 공부가 끝났으면 이제 본격적으로 빅데이터, 인공지능 공부를 시작할 수 있다. 우선 빅데이터의 시초격이라고 볼 수 있는 데이터 마이닝에 대해서 공부해야 한다.

데이터 마이닝 테크닉을 모아놓은 두꺼운 책 한 권을 사서 열심히 보길 바란다. 이 때 각종 빅데이터 관련 자격증을 한번 도전해보는 것도 좋다. 자격증도 따고 공부도 할 수 있어서 성취감이 배가 될 것이다.

이후에는 인공지능의 핵심이라고 할 수 있는 딥러닝에 대해서 공부해야 한다. 딥러닝은 수학 이론적으로도 공부해야 하지만 딥러닝 코드를 작성할 때 자주 사용하는 핵심 라이브러리들(ex: tensorflow, keras, pytorch 등)에 대해서도 익혀야 한다.

이 정도까지 공부를 마쳤으면 이후에는 논문을 읽어야 한다. 논문을 읽을 때에는 본인의 성향에 맞는 저널 몇 개를 정하고 그 안에서 집중적으로 읽을 것을 추천한다.

저널마다 페이퍼를 받는 주제, 성향이 구분되기에 본인과 잘 맞는 저널을 잘 선택하면 논문을 여기저기서 찾는데 시간을 많이 할애하지 않아도 된다.

또한 빅데이터라고 하더라도 세부 연구 분야로 들어가면 많은 연구 분야가 나온다. 그중에 본인의 주 연구 분야를 정하고 집중적으로 공부하는 것을 추천한다. 세부 연구 분야가 너무 많기 때문에 주 연구 분야를 정하지 않으며 이도 저도 아니게 될 것이다.

원고를 기다립니다

경제 경영 분야
- 경제 예측. 부의 원리
- 금융, 마케팅
- 부동산, 경매
- 증권, 투자
- 회계, 세무

4차 산업 혁명 분야
- AI, 빅데이터
- 컴퓨터 프로그램, 파이썬
- 가상현실, 드론, 사물인터넷

기타 실용서
- 미래 예측
- 육아, 출산, 이유식
- 취업, 창업

보낼 내용
- 원고
- 기획서(기획 의도, 내용 요약, 독자 대상, 홍보계획)
- 작가 소개 (경력, 현재활동사항)

보낼 곳 : 메일 uldokim@hanmail.net

원고 검토후 개별적으로 연락드립니다

AI, 빅데이터로 부자의 지름길을 가자

초판발행 2020년 11월 7일

지 은 이 서대호
발 행 인 김홍열
발 행 처 율도국
디 자 인 김예나
영   업 윤덕순
주   소 서울특별시 도봉구 시루봉로 286 (도봉동 3층)
출판등록 2008년 7월 31일
홈페이지 http://www.uldo.co.kr
이 메 일 uldokim@hanmail.net
I S B N 9791187911654 (13320)
C I P   CIP2020043509